여름을 생각할 때 겨울은 시작되었다

최해돈 시집

여름을 생각할 때 겨울은 시작되었다

달아실기획시집
45

보조 용언과 합성 명사의 띄어쓰기 등 본문의 맞춤법은 시인의 의도에 따른 것임.

시인의 말

9년 만에 다시 시집을 낸다.

돌아보면
나는 흔들리는 수평이었고,

새의 문장은
늘
미완이었다.

2025년 7월
최해돈

차례

여름을 생각할 때 겨울은 시작되었다

시인의 말　5

1부. 너는 변주하는 단어였다

밀어들　12
터미널　13
뚜껑　14
리듬　17
너는 변주하는 단어였다　20
흔들리는 원근법　23
너와 나의 직선과 곡선　24
북서풍은 현재진행형　26
돌　28
장마　30
오늘도 오늘을 연습했다　32
패턴A　35
너의 숙성　36
붉어가는 은유들　38

2부. 사람들 사이의 변주곡

적설　40
바코드　41
비의 유턴을 읽는　42
일렁이는 후회들　45
有를 위한 드로잉　48
구름철공소　50
근황　52
흙　53
허밍　56
사람들 사이의 변주곡　58
정지된 채널　61
해명되지 않은 얼룩들　62
터미널이라는 방정식　65

3부. 표출된 묵음

스타카토	68
벽	70
여기에서 여기를	73
구겨진 서랍	76
일요일의 독백	79
3인칭 혹은 3인칭	80
각자의 패턴	82
플라타너스가 살아가는 방식	84
상황	86
그러니까 등뼈라고 부르는	88
휘발된 경계	91
돌아온 것에 대한 브리핑	94
표출된 묵음	96
읽히지 않은 문장	98

4부. 새가 돌아온다는 전언

K 102
목록 103
낡은 페이지에 편입된 창문 106
결빙 108
왜? 110
하루라는 넓이 112
野 114
자연스럽거나 비밀스럽거나 116
수요일의 단상 119
쉼표와 마침표로 긁히는 120
새가 돌아온다는 전언 122
직립 124
철저한 단서 126
보도블록 혹은 보도블록 128

해설 _ 이해'에서 '사랑'으로 도약, 그 교차하는 직립 • 박성현 131

1부

너는 변주하는 단어였다

밀어들

그랬다

우리는 전적으로 동의했다. 비 내리는 동안은, 지나간 잘못이 다 용서되었다. 사람들은 약속이라도 한 것처럼, 하나둘 모이고 있었다. 아스팔트 위, 부서지는 빗방울을 바라만 보아도 헝클어진 마음이 풀어졌다. 목이 파란 참새가 점점 그리울수록 빗줄기는 더 굵어졌다. 비 내리는 동안,

크고 작은 밀어들이 사방으로 튕겨 나가고 있었다

터미널

떠날 때의 생각과 돌아올 때의 마음이
교차하는 지점이었다

그리움의 넓이가
점점 확장되는 곳이었다

뚜껑

뚜껑이 열리자
비가 오기 시작했고
뚜껑이 닫히자
비가 그쳤다

몸이 둥글고 웅크리고 있던 것들이,

뚜껑이 열리자, 기지개를 켜고 있었다. 누워 있던 풀들이 일어나기 시작했다. 뚜껑이 닫혔다가 열린다는 것, 뚜껑이 열렸다가 닫힌다는 건, 무슨 의미일까. 무슨 까닭으로 뚜껑은 열리고 닫힐까

사람들은
뚜껑이 열리자 출근을 준비했고
뚜껑이 닫히자 귀가를 서둘렀다

들판에 한쪽으로만 휘어지는 나무들

휘어지는 나무의

기울기만큼,

점점 자라는 풀잎들. 저쪽으로 깊어가는 납작한 돌. 모두가 한 방향으로 흐르고 있었다. 사는 동안, 속도는 중요하지 않았다. 중요한 건, 방향이었다. 풍파를 뚫고 넓은 길로 나아가기 위해서는, 바람 부는 방향대로 가는 태도와 형태가 필요했다

뚜껑이 열릴 때마다
뚜껑이 닫힐 때마다

나무이파리들은 낙하하지 않으려고 서로의 손을 꽉 움켜쥐었고

사각의 유리창은 외로움을 견디기 위해 새들을 불러 모았고

바람은 조금씩 부서지면서도 내일을 위해 어둠을 기다렸고

담장은 일그러진 하루를 기록하면서 시간의 평상에 길게 누웠고

흩어지는 것은 더 흩어지고
부서지는 것은 더 부서지고
충돌하는 것은 더 충돌하고

그렇게
그렇게

뚜껑은 활짝 열리고
뚜껑은 굳게 닫히고

리듬

나 지금 여기 있네

저녁에도
내일도
여기 아닌 여기에 있을 것이다

구부러진 길에 서 있는, 이정표를 따라서 여기까지 오는 동안

얼마나 많은 파도가 부서졌을까
얼마나 많은 슬픔이 지워졌을까

서서히 눈에 들어오는

한 포기의 풀
한 그루의 은행나무
한 개의 돌
한 개의 모래알
한 개의 먼지

한 묶음의 생각

나 지금 여기 있네
여기 있음에
무한의 감사를 드리네

나는 가끔, 혹은 자주

수직과 수평의 굴절 앞에서 서성거렸음을
직선과 곡선의 역광 앞에서 우울했음을
밀물과 썰물의 순리 앞에서 점점 작아졌음을

기억한다
기억한다

　내가, 내가 되기까지는 네가 있었다. 내가, 내가 되기까지는 네가 나를 일으켜주었다. 내가, 내가 되기까지는 네가 나를 다독여주었다. 나는 여기를 사랑한다. 나는 여기를 사랑해야만 한다. 나는 여기 아닌 여기를 사랑하고 사

랑해야만 한다

  때론 슬프지만 아름다운 여기를
  때론 외롭지만 눈부신 여기를

네가 있으니까

너는 변주하는 단어였다

밤이, 어둠을 복사한다
밤이, 적막 속으로 촘촘히 파고든다

밤이라 부를 수 있는 인칭대명사가 밤 안에서, 밤 밖에서, 밤의 위와 아래에서, 밤의 왼쪽과 오른쪽에서 서서히 접힌다. 멘델스존의 바이올린 협주곡을 듣는 밤. 흩어지는 것들이 과거형으로 환원되고, 그리움이 기억 속에서 멀어지는 동안, 밤은 자신을 위해 떠날 채비를 한다. 밤에 조각난 슬픔이 발견되고, 가난한 사람을 위하여 밤이, 발을 동동 구른다. 새벽으로 뚜벅뚜벅 걸어가는 가로등이, 느림과 **빠름**의 질량을 투명하게 인식하는 나무 의자가, 콸콸콸 울음을 분출하는 수도꼭지의 물이, 나무와 나무 사이를 **빠**져나가는 바람의 속도가, 겸허한 자세의 보도블록 위 침묵이, 그리고 밤을 표현할 수 있는 형용사 또는 부사가

밤 밖에서
밤 안으로

파고든다. 파고들면서 그동안 얽히고 엉킨 생각의 부스러기를 날려 보낸다. 밤은 흩날리는 것의 음표들로 가득하고 요란하다. 밤은 밤으로 이어지고, 밤은 밤으로 단절된다. 밤이, 넉넉함으로 살아가는 동안, 나는 무얼 할 수 있을까. 밤이, 가을의 낭떠러지로 추락하는 동안, 새가 날아간 거리는 얼마나 될까. 밤은 밤이어서 휘어진다. 밤은 밤이어서 컹컹거린다. 밤은 밤이어서 넓이가 확장된다. 현재 과거 미래를 넘나들며 강을 건너는 동안 발생하는 확률들. 밤이 있어 확률은 존재하고, 삶은 더 배부르다. 밤에 그리운 이에게 편지를 쓰면, 유리창은 수평으로 일렁인다. 밤과 유리창의 교집합으로 어둠의 한 각이 닳는다

밤에 어둠을 보니
파생되는 물방울, 물방울들

밤은 어둠 속으로 걸어갈 때 더 아름답다. 밤은 어둠 속으로 걸어가며 울고 있을 때, 주름진 세상이 점점 펴진다. 밤이 어제를 기억할 때, 밤은 조금씩 완성되며, 밤의 조각들이 하나둘 삭제될 때, 밤은 밤의 기능을 상실한다. 우리

는 밤에 태어나 밤의 낙엽에 눕는다. 낙엽에 누워 사라지는 밤을 안타까워하고, 때로는 밤에 기댄다. 밤에 기록되는 직선과 곡선의 흐느낌, 밤의 웅덩이에 새롭게 태어나는 생명들, 밤의 체온과 호흡으로 또 다른 밤의 발길이 바쁘다. 밤 앞에 밤이, 밤 뒤에 밤이, 밤 옆에 밤이, 밤 옆에 다시 밤이, 태어나고, 태어나고, 태어나고. 밤은 어둠을 낳고 어둠은 밤의 고요를 먹으며 잘 자란다

뾰족한 밤이 뒤뚱뒤뚱 걸어간다

흔들리는 원근법

 언덕이 미치도록 떠오를 때가 있었다. 언덕이 너무 그리워, 언덕이 있는 곳으로 걸어가서, 언덕이 되고자 하였다

 언덕을 오래도록 바라보고 있으면, 어느 순간 언덕이 되어 흘러가는 언덕을 바라보았다

 언덕은 풍경을 먹으며 살이 찌기도 하였고, 나는 언덕 너머의 언덕을 이해하기 시작했다

 언덕이 있는 언덕은 평화로웠다. 언덕은 겨울이면 좀 팽팽해졌다가 봄이 되면 다시 느슨해지곤 했다. 가끔 언덕에 먹구름이 몰려올 때,

 언덕은 차츰 흔들리고 있었다

너와 나의 직선과 곡선

시간 속으로 흐르는 결핍의, 나는

내 안의 직선을
누구보다 사랑하고

내 안의 곡선을
누구보다 사랑하며

다시, 너의 직선과 곡선을
사랑하고
사랑한다

어쩌면, 지금도 홀로 걷고 있을
나의
직선과 곡선

 나의 직선은, 평탄한 길을 가기 위해 송곳처럼 뾰족한 수단이기도 하였고, 나의 곡선은, 뻥 뚫린 길을 가기 위해 솜털처럼 부드러운 방법이기도 하였지만

너에게로 향하는 여름날 소나기처럼 시원한
직선이었고

너에게로 향하는 겨울날 화로처럼 뜨거운
곡선이었음을

기억한다

내 안의 직선과 곡선은, 너의 직선과 곡선을 사랑하여,
나의 직선과 곡선은, 점점 너의 직선과 곡선을 향하여

달려가고
뒤엉키고
뒤섞이고

언제부턴가, 나는 조금씩 배부르기 시작하였다

북서풍은 현재진행형

때론,

작게, 혹은 타원형을 닮은 모습으로
파르르 떠는 미동微動이

삶의 활력이 된 적이 있었다
슬픔의 뿌리로 확장되어
내일로 걸어가지 못한 적이 있었다

오늘도 아침을 굶은
그림자들이

하루를 등에 짊어지고 이동한다

사람들은

가 닿지 않은 미지의 땅을 추측하면서
잃어버린, 구겨진 서랍을 뒤적거리면서
모르지만, 더 알려고 발을 동동 구르면서

과거를 분석하며
미래를 설계하고

사방으로 흩날리는 먼지의 행방을
관찰했다

새는, 지친 하루를 데리고 비행하지만

새가 좀처럼 보이지 않았다

언제부턴가 찬바람은 조금씩 가을의 입구로 불고,

기억의 조각들은
희망이란 이름으로

다만 일렁이고 있었다

돌

처음부터 돌을 알지 못했다. 지금도 돌을 잘 알지 못한다. 돌은 어디서 왔으며, 돌은 어디에 있으며, 돌은 어디로 갈 운명인가. 돌에게 묻는다. 돌이 대답한다. 자신도 돌이지만 돌을 잘 모른다고 한다. 돌은 어디까지가 돌이고, 돌은 어디까지가 돌이 아닌가. 돌이, 돌인지 아닌지의 명제는 돌 이전의 돌을 이해해야 한다. 돌 이전의 돌은 어떤 돌이었을까. 이 수수께끼는 돌을 분석하는 아주 중요한 단서다. 나는 가끔 납작한 돌 위를 걸으며 돌을 생각한다. 돌 속엔 감자 같은 뜨거움이 있다. 돌이, 돌이 되기 위해서는 얼마의 시간이 흘러야 하나. 돌이, 돌이 되기 위해서는 얼마의 슬픔이 더 닳아야 하나. 돌. 겨울의 돌은 아프다. 아픈 돌이 더는 아프지 않으려 돌을 어루만진다. 돌은 시간이 지날수록 돌의 마음을 읽는다. 돌은 돌끼리 합심하여 돌을 완성한다. 돌은 돌일 때 가장 아름답고, 돌은 돌이 아닐 때 가치가 추락한다. 아스팔트 위의 돌이 비를 맞는다. 비를 맞는 돌의 모습은 경건하고, 때론 숭고하다. 나는 돌을 바라보고, 돌도 나를 바라본다. 돌과 나는 서로를 바라보면서 서로를 알아간다. 돌이, 돌이 되어가는 시간과 내가, 내가 되어가는 시간은 다르지만 서로 닮았다.

나는 돌을 좀 더 알고자 한다. 언제부터인가 내가 돌을 알고자 했으나 돌의 모습이 잘 보이지 않는다. 돌이 어디로 간 것일까. 돌의 행방이 수상하다. 돌을 보면 돌을 이해할 수 있을 것 같은데, 돌을 보면 돌의 마음을 들여다볼 수 있을 것 같은데. 돌. 언제나처럼 돌이지만 언제나처럼 돌이 아닌,

  돌

장마

추적추적 쉬지 않고
비가 내리는 건,

한 사람이 곡선을 그으며 살고 있다는 증거

비 오는 날엔, 마음이 좀 팽팽해졌다가 헐거워졌다. 하는 일 없이 밥을 먹어도 용서가 되었다. 한 개의 돌이, 한 개의 여름을 끌고 간다. 이걸 뭐라고 해야 하나. 뭐라고 해야 하는 언어보다 더 자연스러운 건,

비가, 쉬지 않고 내리는 일
비가, 비를 몰고 오는 일
비가, 빗속으로 들어가는 일

비가, 비를 미행하고

비가, 비를 통과하고

비가, 비를 키우고

비가, 비를 은폐하고

비가 오기 시작해서 그치는 동안은, 목이 긴 기린을 닮았다. 기린 뒤쪽에 서 있는 풍경과도 일치했다

비가 내리고 그치는 일은
비의 일이지만,
먼 길을 느리게 간다는 게
그리 쉬운 일은 아니었다

비가 내리는 쪽으로 고개를 돌린다. 비가 내리는 쪽으로, 그간 내뱉지 못한 그대의 발화는 시작되었다. 그대의 발화가 긴 장마로 이어질 때,

비를 천천히 짚어보았다
비를 천천히 훑어보았다

오늘도 오늘을 연습했다

어디에선가, 새 소리가 예사롭지 않게 들리는 듯했다
아니다
그건 새 소리가 아니었다

침묵이 침묵을 낳는
고요가 고요 속으로 파고드는 오늘,

오늘은 오늘이고자 한다
오늘은 어제와 다른 오늘이고자 한다
오늘은 내일로 가는 오늘이고자 한다
오늘은 오늘 속 오늘이고자 한다

쓸쓸함을 먹고 사는 창문 밖엔,

  슬픔이 누워 잠을 자고 있다. 가진 자와 가지지 못한 자의 균형이 분리되고 있다. 배고픈 사람과 배부른 사람과의 어떤 팽팽함이, 거리를 배회하고 있다. 가버린 그림자에 대한 의문이 증폭된다. 아침이라고 부를 수 있는 것과 수요일이라고 부를 수 있는 것이 교차한다

여기는 오늘이어서 텅 빈 그릇과 닮았고
여기는 오늘이어서 나뒹구는 폐지와 같았고

오늘은 오늘이고자 오늘을 살았다
오늘은 오늘이고자 오늘을 바라보았다

누구라도 여기에 오면 오늘이 된다고 신뢰하는
이 순간에,

낮인데도 별들이 우수수 쏟아졌다. 여름인데도 눈이 내렸다. 내린 눈 속의 눈이 녹고 있다. 녹은 눈이 가난한 사람이 사는 마을로 졸졸 흐른다. 새는 감사의 인사를 꾸벅하고는 서쪽으로 날아갔고, 너는 숲의 여백이 되었다가 하루가 되었다. 움직이는 것들과 움직이지 않는 것들은 서로의 존재를 존중하며 이해하기 시작했지만,

여기는 헐거움과 빽빽함이 공존하는 곳
여기는 직선과 곡선, 수직과 수평이 충돌하는 곳

배고픈 오늘은, 오늘이 되느라 분주했다

패턴A

너라는 경계가 휘어진다. 언젠가 어디가? 라고, 질문했을 때, 너는 대답하지 못했다. 겨울은 다가오고 함박눈은 온통 거리를 뒤덮는데, 생략법이라고 불러도 좋은 너는 없네. 나의 손과 발이 꽁꽁 언다 해도, 널 기다리는 건 슬픔이 아니겠지! 고요가 출렁거리면, 이곳엔 그 무엇이 올까. 인적이 드문 빈터야! 내가 항상 배고프고 등뼈는 휘었어도, 널 기다리는 건 오늘의 축복이 아니랴. 주어와 서술어가 충돌하는 여기는, 2월의 직선과 곡선이 쉼 없이 교차를 반복한다. 이제는 네가 성실히 응답해야 할 시간, 너에게 가는 길은 아직도 진행형. 너라는 경계가 휘어지는 건, 무슨 까닭일까. 겨울은 조금씩 기울어지는데, 너는 없네

너의 숙성

너는 숙성되었다
그런 생각의 뿌리가 뻗는다. 이 말은 틀리지 않을 것이다. 나는 이 말을 깊이 신뢰한다

신뢰가 신뢰를 낳는
신뢰가 신뢰 속으로 빨려드는

누가 뭐래도 좋은
이른 아침에,

너를 생각해본다. 너의 행로를 따라가본다. 너의 어제를 살펴본다. 너의 과거를 기억해본다. 너를 관찰해본다. 너를 분석해본다. 너의 행적을 들여다본다. 찬물에 눈을 씻고 너의 그림자를 본다. 네 삶의 이모저모를 따져본다. 네 옷에 묻어 있는 슬픔을 털어본다. 네가 평소 좋아하던 파란 볼펜을 터치해본다

너에게서 너라는 사람이 자꾸만 출현한다

너의 어깨가 자꾸만 휘어져 보인다

너의 근처에 자꾸만 편서풍이 분다

너의 가방에 자꾸만 새가 출입한다

책상에 쭈그리고 앉아
너를 생각해보면,

너는 너였다. 너는 너, 이고자 했다. 너는 너, 이길 원했다. 너는 너를 검색했다. 너는 너를 존경했다. 너는 너를 바라보았다. 너는 너를 알고 있었다. 너는 너를 계량했다. 너는 너를 읽었다. 너는 너를 해석했다. 너는 너를 기록했다. 너는 너를 데리고 강둑으로 갔다. 너는 너를 다독였다

너는 좀 더 숙성되었다
이런 생각의 뿌리가 돌처럼 굳어졌다. 이 말은 사실이고, 오래도록 지워지지 않을 것이다

붉어가는 은유들

밝음과 어두움의 경계에 서 있었다. 시간이 흐르면서, 차츰 날이 밝을 것이라는 깊은 신뢰가 돌처럼 굳어졌다. 나무와 나무의 관계는, 편서풍이 분 다음의 일이라는 것과, 적막의 분열이 생긴 다음에 발생한다는 사실. 날이 밝으려면 시간의 편차들이 좀 더 필요했다

단절된 문장 하나가 지나가는 여기, 어떤 낡음이 새로움을 먹으며 푸르게 익어갔다. 목숨 있는 것의 길고 짧은 손과 발이, 불규칙적으로 꿈틀거렸다. 사각의 유리창엔 그리움이 군데군데 묻어 있고, 조각난 바람이 겨울의 문턱으로 이동하느라 계속 분주했다

빛의 경계가 궁금한 건, 오늘의 일이 아니라는 데 동의했다

2부

사람들 사이의 변주곡

적설

 먼 곳을 갔다가 집으로 돌아오는 길. 날은 어둑어둑해지는데 내가 사는 아파트가 보이고. 문득, 가슴 한구석이 뜨거워지기 시작했다

바코드

 환절기를 지나 겨울의 입구에 도착하는 동안, 시간의 조각들이 앞을 다투어 흘렀다. 그때까지는 적막 속으로 걸어가는 시간의 밀도가 촘촘했다. 허공을 파먹으며 비행하는 새들의 행적이 푸르렀다

 살아있는 것들이 생의 터널을 지나 터미널에 도착했을 때, 저녁의 감정은 확장되고 있었다. 겨울이 왔다는 시발점이었고, 다시는 돌아오지 않을 버스가 흙먼지를 날리며 붕붕 지나가는, 쓸쓸한 오후였다

비의 유턴을 읽는

부서지는 빗방울을 보며
비를 읽는다

비의 유턴을 생각할수록
비는 확장되었다

꾸물꾸물 대지를 흠뻑 적시고 있는 저 비는,

어제의 낯선 노트였다가, 홀쭉한 새들의 문법이었다가, 지친 오후로 가는 가느다란 전언이었다가, 외로움을 치유하는 붉은 문장이었다가, 담벼락에 매달린 채 겨울을 기다리는 슬픔이었다가

가끔은,

하루를 기록하는 얇은 책이었다. 어제를 기억하고 내일로 이동하는 기차의 행로였다. 성난 파도의 흰 이빨이었다. 너에게로 가는 어떤 흐느낌이었다. 저녁으로 걸어가는 알쏭달쏭한 수수께끼였다

내리는 비를
읽는 동안

살아있는 건 서로 다투어 목적지에 닿으려 안간힘을 소비하고

헝클어진 마음은 비의 질량에 비례하여 수직으로 낙하하고

무형의 존재들은 왼쪽과 오른쪽으로 교차하면서 충돌하고

시간이 지나면서 조금씩 용서와 겸손의 실체를 깨닫게 되고

덜컹거리는 세상을 데리고 훌훌 떠나는
저 비는,

너를 이해하는 폭설이 아니었다. 결핍을 직시하는 계절의 의문이 아니었다. 털털하게 말하는 너의 화법이 아니었다. 울고 싶을 때 울어야 하는 눈물이 아니었다. 겨울의 입구로 들어가는 너의 흰 손이 아니었다

비를 읽으며
비를 읽으며

나는 내리는 비를 한참 바라보았다

모난 각이 닳고 닳아, 타원형이 되어줄 걸 기대하면서
울퉁불퉁한 마음이 수평으로 일렁이길 기대하면서

일렁이는 후회들

흉중에 무언가가 차곡차곡 채워지고 있었다

생각의 부스러기가 보이지 않는 것에 연결되고 있었다

인내와 집중이라는 단어가 순간순간 필요했다

알 수 없는 명제가 자주 출현했다

머묾과 떠남이 교차하며 상충되고 있었다

옳은 것과 그렇지 않은 것들이 서로 조율되고 있었다

수없이 눈을 깜빡거리고 생각의 넓이가 확장되었다

수직과 수평, 직선과 곡선의 논리가 요구되었다

먼 산과 흘러가는 구름의 속도를 관찰하였다

몇 번의 망설임과 설렘의 늪에 푹 빠지기도 하였다

어제와 오늘의 중간에 너무 오래 머물렀다

분리된 사고가 바람의 영역에 자주 침투했다

가슴이 콩닥거려 충분한 휴식이 되지 못했다

가치가 최고의 덕목임을 깨닫지 못했다

사랑도 울타리가 필요함을 뒤늦게 알았다

울어야 할 때 울지 못했다

만남과 헤어짐의 상관관계를 알지 못했다

밀고 당기는 사이에 약간의 호흡이 부족했다

어제를 기록하는 담벼락을 보지 못했다

순간을 포착하는 타이밍이 흔들렸다

모두, 시간이 지난 후의 일이었다

有를 위한 드로잉

이제는 슬퍼하지 않아도 될 일이다
장대비 퍼붓는 여름날,
보도블록에 태어난 수많은 동심원이
짧은 생을 다한 후 죽어도
또 다른 탱탱한 에너지의 생명들이
여기저기서 다시, 태어난다
살면서 우리는 얼마나 울었던가
살면서 우리는
얼마나 더 울어야 하는가
나무들은 늦가을에도 봄을 기다린다
푸른 이파리들이 생을 다하는 최후의 순간까지
자기만의 고요한 문체로
하나의 문장을 서서히 완성해간다
너와 내가 존재하는 이 숭고한 땅이
나와 네가 엮어가는 이 준엄한 땅이
때로는 휘어지고 갈라진다
때로는 기록되고 보관된다
그러나 이제는 슬퍼하지 않아도 될 일이다
도서관 창문은 매일 아침 안단테로 열리고

햇살은 너와 나의 어깨에
슬프도록 눈부시게 내려앉았다
나의 사랑하는 나그네여
이제는 슬퍼하지 않아도 될 일이다
너는 그리움을 데리고 내게로 오고
나는 항상 너의 손과 발을 읽는다
여기는 좁아도 좁지 않은 곳
나무들은 내일을 위해
아낌없이 오늘을 투자한다
사람아, 사람아, 나의 사람아
결핍 뒤엔 언제나 사랑이 채워지리니
오늘을 기억하며 내일로 걸어가자
천천히 돌아보면,
세상의 일은 있음과 없음의 상관관계
내일 밤은 별빛이 모음으로 쏟아지겠지

구름철공소

하늘이 고드름처럼 맑다. 슈퍼 정문을 지나간다. 나는 슈퍼 주인아저씨를 바라본다. 아저씨도 나를 쳐다본다. 우리는 서로, 오늘도 잘 지내자고 눈빛으로 무언의 약속을 한다. 이 장면을 날아가던 새가 물끄러미 바라본다. 평화롭다. 나는 좀 더 걷다가 버스정류장을 빤히 쳐다본다. 버스에 오르고 내리는 사람들. 그들의 최종 도착지는 어디일까? 그것이 갑자기 궁금하지만, 물어볼 사람이 없다. 버스정류장 옆이, 텅 비어 있다. 때론, 텅 비어 있는 곳을 바라보기만 해도 마음이 행복해질 때가 있다. 나는 횡단보도를 지나간다. 문구점을 지나간다. 다시 빵 가게를 지나간다. 빵 가게를 지나갈 때 배가 조금은 고팠지만, 꾹 참기로 한다. 타박타박. 한 걸음, 한 걸음. 보도블록을 밟고 또 밟는다. 보도블록을 밟으며 나는 어디로 가고 있는 걸까? 나는 언제쯤 목적지에 도착할 것인가? 목적지가 있기는 한 걸까? 아파트 담장 붉은 벽돌을 만진다. 그의 손등이 따스하다. 벽돌의 온기가 확인되는 이 순간, 행복하다. 내가 걸을 때마다 길가에 해바라기가 하나둘 핀다. 나는 아이스크림 가게를 지나간다. 떡집을 지나간다. 고깃집을 지나간다. 잠시 후 회전교차로를 지나간다. 세상은 지나감의 연속선상에 있고, 거리의 울퉁불퉁한 손과 발이 조금씩 닳는다. 나는 지나가고, 지나가고, 또 지나간다. 지나감은 나의 일. 나의 숙제. 학교 후문을 지나가고, 교육청 정문을 지나간다. 잠시 멈춘 뒤, 고개를 들어 길 건너를 바라본다. 구름철공소가 보인다. 처음 왔는데도 서너 번 온 것 같은 느낌. 삐뚤삐뚤한 서체. 아늑하다. 구름철공소 간판을 보고 나서, 나는 아무런 까닭 없이 더 이상 지나가지 못한다. 오늘 종착지는 구름철공소란 말인가? 흔들린다. 늙은 은행나무가 흔들린다. 검은 아스팔트가 흔들린다. 낡은 염소탕집 건물이 흔들린다. 쓸쓸한 자동차가 흔들리고, 세탁소 옆 녹슨 자전거가 흔들린다. 살아있는 것들이 죄다 흔들리는 여기, 내 안에 자라는 풀들도 차츰 흔들린다

근황

　배부른 9월. 뼈의 문법은 오른쪽으로 흐르고, 뼈의 문체는 왼쪽으로 흘렀다. 시간이 지나면서 뼈가, 서서히 닳는다는 1차원적인 사실은 오래된 일상이었다. 뼈의 태도와 자세를 뚫어지게 바라보았다. 뼈가 닳고, 뼈가 무뎌지고, 뼈가 시간을 파먹고

　오늘은 뼈가, 어제의 뼈가 아니길 기도했다. 오늘은 뼈가, 내일의 뼈로 새롭게 이어지길 기대했다. 돌아보면, 뼈는 내가 밤 별처럼 변화하는 평행선. 너와 나의 간격이 삭제되는 지난날 바람의 노력. 혹은, 시간과 공간을 넘나들며 하나둘 완성되는 그림자

　시간은 오후의 들판을 쉼 없이 달리는데, 뼈가 닳는다. 뼈가 닳으며 나를 미지의 땅으로 끌고 간다. 뼈가 또 하나의 뼈로 태어난다. 가을로 진입하는 너의 속도는, 유리창에 흐르는 빗줄기를 닮았고, 뼈가 좀 더 숙성되기 위해서는 수요일의 결핍이 필요했다

흙

그러니까,

흙은 흙이 되기 위하여, 자주 바깥출입을 하지 못하였다. 불면의 밤을 끌어안고 울어야 했다. 환절기 때 편서풍이 심하게 불어도, 바람의 등을 바라보아야 했다. 유리창에 묻은 슬픔을 털어내는 힘도 아껴야 했다. 오직 무無에서 유有로의 변화를 위해 부단한 기도를 해야 했다

가끔은,

흙은 어디서 태어났을까
흙은 어디로 가고 있는가, 하는 질량 있는 사고가

계절의 의문이 풀리는 명제가 되기도 하였다
겨울의 입구로 진입하는 단서가 되기도 하였다
너와의 경계가 두터워지는 요인이 되기도 하였다

돌아보면,

흙은 언제나 흙이 되고자 손과 발이 분주했다
흙은 언제나 흙이 되고자
햇살 눈부신 날 푸른 문장을 읽곤 했다

내가 오늘 흙을 바라보는 일과, 네가 오늘 흙과 이별하는 일이, 너는 너의 방식으로, 나는 나의 방식으로 터치하는 리듬이

흙을 위한 일임을 깊게 신뢰했다

우리가 살아가는 동안에
흙은,

자꾸만 중심에서 달아나려 하였다. 중심에서 벗어나 가장자리로 이동하여 호흡하려 했다. 사람과 사람이 만나고 헤어지는 걸 긍정의 조합으로 생각했다

흙이,

흙으로 돌아가는 사이에

정지한 것들은, 안쪽과 바깥쪽이 스스로 분리되고
너와 나의 경계는, 수직과 수평의 논리로 번역되고
결핍된 언어들은, 교차와 충돌이 수시로 반복되고
겨울이라 부를 수 있는 너의 화법은, 조금씩 휘어지고

미완에서 완성으로 가는 변곡점이, 서서히 휘발되고 있었다

허밍

바람 앞에서 나는, 그야말로 아무것도
할 수가 없었다

아니지, 그 어떤 것도 할 수 있는 힘이
불끈
솟았다

바람과 나,
나와 바람

오묘하면서, 때로는 특별한

아무런 관계도 아니면서
어떤 관계가 존재했다

살면서

어찌할 수 없는 일이 다가올 때, 바람은 늘 내 곁에 있었다. 무얼 한 건 아니었지만, 늘 곁에서 물끄러미 나를 바라보았다. 내게 기쁜 소식이 간간이 들려올 때, 바람은 나의 등을 천천히 쓸어주었다.

시간이 흐르고 또 흘러

긴 언덕에 올라 배부른 산을 바라볼
때도

아무도 없는 바닷가에서 기울어가는 수평선을
바라볼 때도

혹은

학교 운동장에 낙하하는 직립의 빗방울을
바라볼 때도

겨울의 바깥이라 불러도 좋을 그 바람,

바람의 문장은 늘 미완이었다.

사람들 사이의 변주곡

바람이,
2분음표로 분다

잠이 든 쉼표와 마침표가
부스스 일어난다

일요일,
거리를 나가 보았다

사람들이 지나간다. 사람들과 사람들 사이로 사람들이 빠져나가고, 사람들과 사람들 사이로 사람들이 밀려온다. 사람들과 사람들 사이로 빠져나간 시간과 사람들과 사람들 사이로 돌아오는 시간이 충돌한다. 사람들은 사람들 사이에서 사람을 배우고, 사람들은 사람들 사이에서 사람을 읽는다. 사람들 사이에서 사람들이,

사람의 이야기를 청취하고
사람의 이야기를 발성한다

사람들이
사람들 사이에서 사람의 이모저모를 훑고 있을 때,

묵음이라고 불러도 좋은 철학이 흐르고

작지만 큰 역사가 조금씩 완성되고 있으며

결핍된 그릇의 물이 점점 채워지고

짤막한 약속은 굵은 문장이 되어 두꺼운 책이 되고

돌아보면
사람들과 사람들 사이에서 파생된 건,

들쑥날쑥한 의태어였다. 파릇파릇한 전언이었다. 반쪽과 반쪽의 만남이었다. 눈물과 희망의 조합이었다. 말로는 다 표현할 수 없는 형용사였다. 책 속의 파란 밑줄이었다. 부드러운 곡선과 날카로운 직선의 교차점이었다. 빙빙 회전하는 타원형의 웃음이었다

시간이 흐를수록

사람들과 사람들 사이로 **빠져나가는** 사람들
사람들과 사람들 사이로 밀려오는 사람들

겨울은 가까워지고, 폭설이 내린다는 예보가 들려왔다

정지된 채널

채널은 돌처럼, 정지되었다. 하루의 중간지점. 2시와 3시 사이. 사이 속의 간격. 바깥쪽과 안쪽의 구분이 필요 없었다. 바깥쪽과 안쪽이 서로 껴안고 있었으므로, 둘은 가까워졌다. 가까워졌다는 건, 간격이 넓어졌다가 좁아지다가, 점점 좁아지다가, 간격이 닳고 닳아 없어지는 것. 굴러간다. 시간의 바퀴들이 타원형이 되어, 떼굴떼굴 굴러간다. 굴러간다. 굴러간다. 굴러가면서 땡그랑 소리가 난다. 굴러가면서 터지는 파열음이 오후의 고요를 깨우고 있다. 적막 위를 굴러가는 저 소리. 처음보다 끝이 궁금한 까닭은 무엇일까. 누워 있다. 다 누워 있다. 누워서 잠을 잔다. 저녁으로 가는 표정과 감정과 형식이 지쳐 있다. 지쳐서 잠을 잔다. 잠 위로 차곡차곡 쌓이는 시간이 투명하다. 잠 위로 시간이 쌓인다. 점점 쌓이는 시간들. 채널이 정지되고 있을 때, 하루는 더 얇아졌다

해명되지 않은 얼룩들

처음이라는 단어가 좋았다
너를 생각할 수 있는 시간이 있음에 감사했다
단지
나의 뭉툭하고도 짤막한 느낌이지만

아침이 시작되는 동안에 너는
나에게 도착했다

쓸쓸함을 먹으며 자라고 있는 나에게 너는,

  살며시 다가왔다. 언제 왔는지 알 수는 없었다. 왼쪽으로 고개를 돌려 너를 바라보면 너는 보이지 않고, 오른쪽으로 고개를 돌려 너를 바라보면 너는 옆에서 웅크리고 있는 것 같았다. 너는 어디서 왔니? 너는 어디서 왔을까? 때론 이런 질문이 무의미하다는 생각이 들기도 하였지만, 너라는 존재 자체에 무게가 실렸다

  오늘을 살며 오늘을 걸어가는 사람들의
  종착지는 어디인가

종착지를 가는 동안 수없이 지나온 이정표들

우리의 오늘이 지난 다음 행선지는 어디일까

눈을 깜빡이며 침묵에 젖는 유리창을 바라본다
시간이 흐를수록 점점 멀어져가는
소리 없는 것들의 흰 페이지를 한 장 한 장 넘겨본다

생각하면 생각할수록 떠오르는 선명한 명제들

지나간 날은, 아름다운 들판이었다
지나간 날은, 알 수 없는 수수께끼의 연속이었다
지나간 날은, 타원형을 맴도는 흐느낌이었다

봄이 온다
봄이 걸어간다

살면서 인상적이었던 건, 잘 지워지지 않는 얼룩의 출현이었다. 잘 이해되지 않는 얼룩의 울음이었다. 잠을 자고 나면 나타나는 얼룩의 모습이었다. 나타났다가 사라지고 사라졌다가 다시 나타나는 얼룩의 행로였다

 어디엔가 있을 것 같지만, 어디에도 없는

 얼룩, 얼룩들

터미널이라는 방정식

비 오는 터미널
터미널은 너의 문법이고 문체였다

터미널이라는 난제를

해독 불능의 이 수수께끼를

어떻게 풀어야 할까
어디서부터 풀어야 할까

비,

비가 오고 있었다
내리는 저 비를 뭐라고 불러야 하나
내리는 저 비를 뭐라고 설명해야 하나

이른 아침 우산을 쓰고 터미널을 가는 길은, 휑했다

터미널엔 행인이 붐볐다. 이쪽에서 저쪽으로, 저쪽에서

이쪽으로, 다시 이쪽에서 저쪽으로. 만남과 헤어짐, 설렘과 떨림, 아쉬움과 슬픔의 언어들이 공중을 배회했다. 터미널은 터미널이어서 좋았다. 터미널은 터미널이어서 편안했다. 터미널은 터미널이어서 쓸쓸했다

귀가하는 길,

길 건너 어디쯤에서 짧은 문장이 걸어오고 있었다. 짧은 문장이, 터미널이라는 난제와 수수께끼를 해결해줄 것 같은 예감이, 바닥을 흔들고, 비는 집으로 가는 나의 등을 다독여주었다

보슬보슬. 비는 그야말로 차분히 내리고 있었다. 한발 한발 점점 멀어져가는 터미널. 어제의 터미널이 아닌 터미널. 여름의, 여름 속의, 여름 속 깊은 곳의, 여름 속 깊은 곳에 살아가는,

비가 내리는 날이었다
비가 오고 있었다

3부

표출된 묵음

스타카토

다 다다다 후다닥 소나기가 지나간 후, 오후가 조금씩 접히고 있을 때, 콩새는 거기에 앉아 있었다

몸이 둥근 고요가, 여름의 문턱으로 타박타박 걸어가고 있을 때, 콩새는 거기에 앉아 있었다

밝음과 어두움이 평행선 위에서 스스로 교차하고 있을 때, 콩새는 거기에 앉아 있었다

있음과 없음의 간격이 점점 좁혀지고 있을 때, 콩새는 거기에 앉아 있었다

폭염으로 인해 학교 담벼락이 슬피 울고 있을 때, 콩새는 거기에 앉아 있었다

팽팽함과 느슨함이 들판으로 달리고 있을 때, 콩새는 거기에 앉아 있었다

믿음과 믿음 속에 새로운 믿음이 태어나고 있을 때, 콩

새는 거기에 앉아 있었다

　하루의 직선과 곡선이 학교 운동장에 사뿐사뿐 내려오고 있을 때, 콩새는 거기에 앉아 있었다

　긴 하루를 건너는 동안 흩어졌던 마음이 충돌하며 쿵쾅거리고 있을 때, 콩새는 거기에 앉아 있었다

　문득 일요일과 수요일 사이의 숲을 생각하며 물끄러미 걷고 있을 때, 콩새는 거기에 앉아 있었다

　달력에 기록되어 있는 빼곡한 글자가 하루의 문장이라고 생각할 때, 콩새는 거기에 앉아 있었다

　매미 소리를 듣고 있으면 나도 여름이 될 수 있다고 생각하고 있을 때, 콩새는 거기에 앉아 있었다

벽

결국,

벽은, 벽이 되지 못했다. 벽이 되는 오랫동안, 시간의 모서리는 서서히 닳고 어둠과 밝음의 불균형은 지속되었다. 벽은, 벽이 되고자 이른 봄부터 겨울의 끝으로 갈 때 천둥과 번개와 울음이 동행했다. 벽은, 벽에게 낮은 자세로 걸어갔다. 벽이 되어가는 동안, 벽의 가장자리엔 저녁 강물의 흰 손가락들이 더 분주해지고, 나무와 숲들은 푸른 눈동자로 먼 미래를 바라보았다

벽은, 스스로 벽이 되고자
침묵의 먼지를 털었고

벽 이상의 벽을 그리워하지 않았다

벽 이하의 벽을 신뢰하지 않았다.

벽을 뚫으며 벽을 통과할 뿐

벽은, 벽의 왼쪽과 오른쪽을 잘 기억하지 못했다. 벽의 위아래를 구별하지 못했다. 벽은, 다만 벽이 되고자 앞을 보고 뒤로 물러선 후, 언젠가 당도할 지점에 가 닿으려 할 뿐

벽은, 벽이 되었을 때 벽이 아니었다. 벽이 되지 않았을 때 하늘은, 찰방찰방 걸어오는 빗방울들의 행진을 축복해 주었다

벽이, 벽이 되어가는 동안

당신의 수직과 수평의 경계에 가벼운 질량이 쌓이고 있었다. 벽은, 벽이 되고자 여기까지 오면서 외로움의 여백을 정리하다가, 언덕을 넘어가는 노을의 발이 되었으나, 비 내리는 운동장과 들판의 벽을 바라보았으나, 벽의 근처에 풀들은 자라지 않았다

그러나 사랑이여, 여전히 없는 벽

벽은,

벽이 되지 못하고, 쓸쓸함은 가을의 출입을 시도했다

여기에서 여기를

그걸 배고픈 날의 잔치라 불러도 좋았다
그걸 결핍된 그릇의 가득 채움이라 불러도 좋았다
그걸 없음이 있음이 되는 환절기라 불러도 좋았다

흐르는 것은 흐르는 대로
소란한 것은 소란한 대로

흐르고 소란하다는 건 우리의 삶에 활력이 되니까
수요일이 지나면 일요일이 온다는 희망이 보이니까

우리는, 우리의 반경을 헤아릴 수 있었다

 어떤 날은 쓸쓸함이 와서는 밥을 배부르게 먹고 그릇을 씻기도 하였고, 어떤 날은 곪아 터진 상처가 금세 나아서 바다가 있는 쪽으로 걸어가기도 하였고, 어떤 날은 읽어버린 기억의 페이지가 투명하게 출현하기도 하였고, 어떤 날은 가난한 사람들이 노래를 불러 마을의 한 모퉁이가 무너지기도 하였으므로

우리는 그걸 슬픔의 비행이라 불러도 좋았다
우리는 그걸 봄날의 역설이라 불러도 좋았다
우리는 그걸 침묵의 표류라고 불러도 좋았다

비 오는 날은 빗방울이 파도처럼 부서졌고, 우울한 날은 하늘에도 잔주름이 생기기 시작했고, 저녁이 몹시 그리운 날엔 언덕으로 뛰어가기도 하였으나

나는 여기에서, 여기를 생각하며, 여기에 서 있는 사실이

나를 이해하는 결정적 계기가 되었다
나를 발견하고 새의 전언에 동의할 수 있었다
나를 기억하고, 나를 재생하여, 나를 보관하는 단서가 되었으니

사랑이여!

이제는 슬픔도 데리고 동행하면 안 되나

이제는 상처에 약을 발라주면 안 되나

나는 또, 뭐라고 불러야 하는가

소란한 것은 소란한 여기를
흐르는 것은 흐르는 여기를

구겨진 서랍

조용한 곳에 있었다
아무도
찾아오지 않았다

살짝 손가락만 닿아도
부드럽게 열리고
명랑하게 닫힌다

우린 언제부터
누구의 그늘이었나
누구의 지붕이었을까

오늘처럼 이렇게

저 낡은 서랍이,

뭉툭하지만, 말랑말랑한 적이 없었다. 손가락이 닿기라도 하면 푹신푹신한 적이 없었다. 무심코 손잡이를 잡고 그의 문을 열어본다. 큰 것 작은 것. 저만의 형체로 모습과

표정이 출현하는 물건들이, 살아서 꿈틀거린다

  적당한 조도의 서랍 안

  어둠과 어둠이, 서로 엉켜 있다. 이 어둠은 어디서 왔을까. 이 어둠은 어디로 갈 것인가, 하는 좀 건조하고 짤막한 생각이, 쿵쾅거린다. 사각형에 갇혀서 어둠을 견디는 서랍. 어둠이 걷히길 얼마나 기다렸을까. 어둠의 시간이 얼마나 길었을까

  조금만 기다려
  내가 널 꺼내 줄게

  아침이 열린다
  아침이 벌어진다
  아침이 부서진다

  내일은 비가 올 것이라는 낡은 라디오의 기상예보를 들으며, 조용히 서랍의 문을 닫는다. 언제 다시 서랍의 문을

열 것인가. 언제 다시 어둠이 혼재된 서랍의 안부를 물을 것인가. 그리고, 언제 다시 볼 수 있을까?

서랍의, 봄날 같은 순수를

서랍의, 콸콸 얼음장 밑으로 흐르는 물처럼 투명함을

서랍의, 배부른 오후 같은 여유로움을

일요일의 독백

쿵쾅거리던 마음의 벽이, 어느 순간부터 무너지기 시작했다

살아있는 것의 리듬과 넓이가, 차츰 정형화되고 있었다
너라고 부를 수 있는 그릇들의 화음이, 사방으로 퍼지고 있었다
움직이는 것과 부동의 페이지가, 조금씩 채워지고 있었다
살면서 완성되는 사각형의 각이, 서서히 닳고 있었다
내일과 어제의 울타리가, 차츰 기울어지고 있었다
슬픔과 기쁨의 알갱이들이, 서로 충돌하고 있었다
저만치서 가을이, 빗줄기를 데리고 천천히 걸어오고 있었다

장날, 장터에서였다

3인칭 혹은 3인칭

 그가 비틀거린다. 그가 웅크리고 있다. 그가 어설프다. 그의 행동은 오직 가을의 일. 결핍된 것들이 축적되는 중이다. 한 줄의 문장 속에 사는 붉은 단어가 왼쪽을 응시하고, 여기는 불협화음이 진행 중. 가을이 몸살을 앓는 확실한 증거였다

 그가 오고 있다. 천천히. 오는 건 확실한데 보이지 않는다. 뿔난 편서풍이 이분음표로 불고, 불면의 밤이 와르르 무너진다. 아니다. 그가 보이지 않는 건, 어쩌면 내일이 맑을 거라는 정확한 일기예보. 신뢰가 신뢰는 낳는 순간은 고드름처럼 투명했다

 그가 가고 있다. 타박타박. 뒷모습은 보이지 않고 발자국만 남는다. 자꾸만 보일 것 같은 뒷모습, 뒷모습. 그를 따라가 본다. 분주한 날의 연속은, 긴 밤을 힘들게 하는 법. 밤의 허리가 쑤시고, 가을이 이토록 아픈 까닭을 알지 못했다

 그를 뭐라고 부를까. 그의 존재는 무엇인가. 그의 발원

지는 어디인가. 시간이 흐를수록 생각의 모서리는 점점 풍파에 닳지만, 세상은 여전히 환하고 푸르다. 그에게 가는 평행선이 차츰 늘어지는 사이, 어디선가 홑립체의 문장 하나가 부스스, 일어났다

각자의 패턴

휑한
토요일 오후

허공에 화살표가 획, 지나간다

무한의 역광이 우리를 주목한다

살아있는 것은
자신의 방식을 위해 어제의 형식을 존중하고

시간이 우수수 부서진다
부서지는 것들이 다, 부서진다

새가 지나가고
새가 돌아오고

비가 온다

나는 내리는 비를 바라본다

비는 나를 바라보고, 나는 비를 다시 바라본다
우리는 서로를 바라본다
서로를 바라보다가, 내가 비를 바라보다가, 비가 나를
바라보기를
반복한다

서로를 바라보는 시간은 지루하지 않았다
서로를 바라보는 순간엔 서로를 읽었다
서로를 바라보는 동안엔 시간이 거꾸로 흘렀다

각자의 패턴으로
각자의 패턴으로

서로의 손과 발로
서로의 눈과 귀로

플라타너스가 살아가는 방식

 아무도 없는 학교 운동장. 잎 넓은 플라타너스 이파리에, 편서풍이 살랑살랑 분다. 바람이 잠시도 그치지 않는다. 아니, 그칠 줄을 모른다. 바람의 발원지는 알지 못한다. 바람은 슬프다. 쓸쓸함이 등에 묻어 있다. 중요한 건 플라타너스의 존재, 플라타너스의 온기. 플라타너스가 가을의 끝을 지나 겨울의 문을 톡톡, 두드린다. 유리창밖엔 아무도 없는 사막 같다. 플라타너스 옆으로 낙타 한 마리 지나간다. 낙타는 아마 봄날 어디쯤 도착하겠지. 플라타너스는 존재를 지우며 산다. 부존재의 존재, 이것이 플라타너스의 삶의 방식임을 어쩌랴. 플라타너스는 인칭을 넘나드는 오래된 수식어다. 겉모습은 뭔가 결핍된 것 같지만, 내면에는 형언할 수 없는 언어들로 가득하다. 플라타너스의 부재는 생의 한 부분을 주름지게 한다. 허리가 가는 편서풍도 가끔 플라타너스의 행방에 관심을 가지곤 한다. 나는 가끔 플라타너스가 있는 학교 운동장에 간다. 홀로의 플라타너스. 늘 제자리에서 온갖 풍파를 견디며 사는 플라타너스. 플라타너스는 무슨 생각을 하며 운동장에 잔존할까. 플라타너스의 외로움이 사방으로 확장한다. 플라타너스의 경건함이 나를 흔들게 한다. 플라타너스의 인자함으로 너는 회귀한다. 플라타너스는 때때로 외로움을 벗어나 새로움의 경계에 합류한다. 새로움은 플라타너스가 살아가는 또 하나의 방식. 마음이 가난한 사람이, 플라타너스와 밀애를 하면 세상이 환해지겠지. 쓸쓸함의 플라타너스. 존재의 플라타너스. 새로움의 플라타너스. 나는 이런 플라타너스를 닮고 싶다. K라는 이름의 그, 플라타너스

상황

 봄밤. 바람이 내 등을 손으로 밀고 있을 때, 나는 빵집 옆 보도블록을 밟고 우두커니 서 있었다

 사람들과 사람들 사이로 쉬이! 바람이 빠져나가고 있을 때, 고요는 어둠을 계속 갉아먹고 있었다

 빵집 밖 의자에 앉은 두 사람이 밀어를 주고받고 있을 때, 시간 위에 시간이 차곡차곡 쌓이고 있었다

 자가용과 오토바이가 속력을 내며 질주하고 있을 때, 봄밤의 안쪽과 바깥쪽은 분리되고 있었다

 빈대떡 가게의 문틈으로 감자전 냄새가 삐져나오고 있을 때, 4월은 어제의 기억 속으로 점점 빨려가고 있었다

 노인이 전봇대 옆에서 허리를 펴고 있을 때, 거리엔 오고 가는 사람들이 교차하고 있었다

 밤이 깊어가면서 시간이 한 뼘씩 자라고 있을 때, 행인

들은 왼쪽으로 휘어지며 귀가하고 있었다

 모두가 떠나 쓸쓸한 보도블록 위엔, 어떤 외로움이 남아 소리 내어 울고 있었다

그러니까 등뼈라고 부르는

네 생각의 꼬리를 끝까지 따라가 보니
어제의 기억이
슬픔으로 터져버렸다

여기까지
오는 동안,

용케도 잘 살아왔구나
용케도 잘 견디어왔구나

그러니까 어제까지의
너는,

유통기한도 없이 묵언의 강을 잘 건너오면서

몇 번의 폭설을
몇 번의 폭우를
몇 번의 폭풍을
몇 번의 천둥을

몇 번의 번개를

 갑자기 습격하는 기상 악조건을 솜털처럼 가벼이 여기기도 하였겠지. 세상의 온갖 유혹이 너를 빼앗으려 춤을 추기도 하였겠지. 너는 칼바람 부는 겨울을 벗어나려고 안간힘을 소비하고, 발버둥을 치기도 하였겠지. 어떨 때는 남모르게 언덕에 올라가 소리 내어 울기도 하였겠지. 때론 벽을 넘기도 하고, 어둠의 터미널에 도착한 후, 종착역에 가 닿으려 전력 질주를 하기도 하였겠지. 그러했겠지

 책상에 홀로 앉아 곰곰이 생각하니, 너는

 풍파에도 흔들리지 않는 콘크리트 건물이었다. 앞을 보며 빵빵 울며 달리는 기차였다. 외롭지만 외롭지 않은, 텅 빈 장터였다. 울어도, 울어도 넘치지 않는 파란 강물이었다. 스스로 보살피며 터치하는 새의 둥지였다.

 등뼈야, 이제는 좀 푹 쉬렴

여름날 소나기가 마른 땅을 촉촉하게 다 적실 때까지
바닷물이 증발해서, 돌과 풀들이 다 보일 때까지

등뼈라고 부르는 까닭이, 내 안에서 흔들리고 있었다

휘발된 경계

결핍의 뿌리에서 가랑비 쏟아지는 날

가슴 따스한
자작나무가 되고 싶었다

빨리 자작나무가 되어야지

아니야
자작나무는 될 수 없어
아니야
자작나무가 될 거야

너를 생각하는 관성의 빛이 스스로 작아질 때, 나의 경건함은 나사 풀린 현재완료형이었다. 나의 숭고함은 과거형 문장에서 미래의 트랙으로 이동하는 한 마리 낙타였다. 사막은 잘 보이지 않았으나, 들판은 조금 휘어진 듯 곡선을 닮아가는 오후의 넉넉함이었다. 어떤 외로움의 안쪽이 봄 지나 겨울, 그리고 여름, 다시 가을의 입구에서 서성일 때, 나의 쓸쓸함은 수축과 팽창을 불규칙적으로 반복하면서 조금씩 성장하고 있었다. 나의 그림자는 자작나무가 되고 싶었다. 시간이 흐르고 계절의 뼈가 차츰 깎여갈수록 고요 옆에 남은 건, 빈 배. 빈 의자. 빈터. 자작나무는 내게서 멀어지고, 나는 어느새 자작나무 숲으로 달려가는 중저음의 기차가 되었다. 언제나 유有와 무無의 균형을 유지하는 자작나무, 존재와 비존재의 간격인 그. 가랑비의 빗방울을 바라보면 바라볼수록 깊어가는 신뢰. 그럴 때마다 타악기 같은 사랑은 시작되어 마른 흙을 조금씩 적시고, 결국 지워지지 않는 쉼표가 되었다. 슬픔과 기다림이 교차하는 자작나무. 투명과 반투명으로 수식되는 자작나무. 뼛속 깊이 바람의 밀어가 전송되는 날, 나는 가장 낮은 자세로 너에게 간다. 겉옷에 매달린 먼지를 털며 간다

너에게 간다는 건
어떤 새로움이 완성된다는 긍정의 조합

곧 날이 어두워질 거라는, 선명한 경계가

다시 휘발되었다

돌아온 것에 대한 브리핑

돌아온 것은,
희멀건 결핍뿐이 아니었다

하나둘
차곡차곡 쌓여가는
무형의, 유형의, 무언의 그림자들

터미널엔 새들이 회귀하여 구부러진 역사를 이루고 있었고

슈퍼 담벼락엔 어제의 기억이 대롱대롱 매달려 있었고

유리창엔 희끗희끗한 밀어들이 다투어 소란스러웠고

그야말로
돌아온 것은

계량할 수 없는 한 묶음의 침묵이었고, 더는 설명이 불필요한 빈 상자였고, 쉽게 풀 수 없는 방정식이었고, 긴 어

둠의 연속이었고, 내일로 가는 기차의 행로였고, 가 닿을 수 없는 후회의 잔해였고, 오늘 밤이 지나면 미지의 세계로 가야 한다는 뭉툭한 전언이었음을

   나는 철저히 이해했다
   전적으로 수긍했다

나중에 안 일이지만,

겨울은 먼 길을 걸어오느라 홀쭉해졌고
돌아온 것은, 쌓이면서 서로 평행을 유지하느라

좀 더 칼칼해졌다

표출된 묵음

구름처럼 일렁이고 있었다

그것은,

아침에 갓 구운 빵이 되었다가, 행인의 어깨에 내려앉는 칼바람이 되었다가, 문구점 앞 울며 서 있는 파란 신호등이 되었다가, 미풍에도 닳고 있는 건물 벽이 되었다가, 온종일 쓸쓸한 플라타너스 이파리가 되었다가

때로는, 상처를 어루만져주는 흰 페이지가 되었다가

이제는 돌아와

웅크린 채 먼 산을 바라보고 있었다
고개를 떨구며 눈을 깜빡거리고 있었다
배가 고픈 듯 은행나무 껍질을 만지고 있었다

가끔은,

하늘을 비행하려고 날개를 달고 싶었지만, 어깨가 아팠다
오랜만에 친구와 약속했는데, 버스를 놓치기도 하였다
밖의 풍경을 보고 싶었는데, 와장창 유리창이 깨지기도
하였다

저 소리는 어디서부터 들려 오는가
저 소리는 언제부터 들려 오는가
저 소리는 어디까지 퍼져나갈 것인가 하는
반투명의 의문이,

너의 낡은 가방 속으로 진입하고 있었다

나는 추운 겨울의 난로가 될 거야. 나는 어둠을 밝히는
이정표가 될 거야. 나는 간질간질한 너의 목을 적시는 미
지근한 물이 될 거야, 라고 사방을 행해 외쳤지만, 사람들
의 반응은 시큰둥했다

한 뭉치의 묵음은, 고요를 빠져나가는 낙타였다

읽히지 않은 문장

비는 내렸다
그러니까

내린 비는, 누군가의 숙명이었다. 누군가의 눈물이었다. 누군가의 결핍이었다. 누군가의 미완성이었다. 누군가의 약속이었다. 누군가의 결말이었다. 누군가의 평행선이었다. 누군가의 노트였다. 누군가의 늦가을이었다. 누군가의 기록이었다. 누군가의 배경이었다. 누군가의 흔적이었다. 누군가의 기도였다

비는 내리고 있었다
그러니까

내리는 비는, 누군가의 꺼지지 않은 불빛이었다. 누군가의 접힌 창문이었다. 누군가의 사방으로 퍼지는 파열음이었다. 누군가의 읽히지 않은 문장이었다. 누군가의 멀어져가는 추억이었다. 누군가의 거친 호흡이었다. 누군가의 흔들리는 봄이었다. 누군가의 내일로 걸어가는 푸른 눈동자였다. 누군가의 흰 종이에 찍힌 발자국이었다

그러니까
그러니까

비는
비는

비는, 그러니까

이른 아침부터 늦은 밤까지 추적추적 쉼 없이 내리는

무형의
시간을 역행하는
무어라 형언할 수 없이 좀 짤막한

저, 비는

4부

새가 돌아온다는 전언

K

가랑비 가랑가랑 쏟아지는 오후, 학교 운동장

아무도 없다. 고요와 적막이 들끓고 있다. 아무도 없어 다소 쓸쓸한데, 이토록 편안할 수 있는가. 이토록 포근할 수 있는가. 시골집 기울어진, 담장처럼

목록

처음부터 여기에 온 건 아니었다
처음부터
여기에 올 것이라 예상한 건 아니었다

시간의 한쪽이 닳을수록
경계의 너머가 궁금해질수록

혹은,

눈 내리는 왼쪽이, 눈 오지 않는 오른쪽보다 더 휘어질수록

우리의 발들은 좀 더 분주해지기 시작했다
우리의 손들은 좀 더 굵어지기 시작했다
우리의 슬픔은 좀 더 엷어지기 시작했다

無의 뿌리가 자라는 이곳은,

어두운 벽이 환해지고 있었다. 가을의 의문이 다가오고

있었다. 짤막한 벽돌과 벽돌이 서로 충돌하고 있었다. 시계의 초침이 묵음으로 흔들리고 있었다. 흰 눈 속에 흰 눈이 쌓여가고 있었다. 침묵 속으로 전송된 우편물이 반송되고 있었다. 바다를 닮은 단어들이 거리를 배회하고 있었다

게다가,

움직이는 것과 움직이지 않는 것들이,
뭉툭한 것들과 뾰족한 것들이,
마디가 굵은 것들과 짧은 것들이,
이름을 부를 수 있는 것들과 이름을 부를 수 없는 것들이,
혹은,
보이는 곳과 보이지 않는 곳에서 연속적으로 파생하는 언어들이,

서로 팽팽한 간격을 유지하고 있었다

흔들리는 것은 흔들리면서

굴러가는 것은 굴러가면서

낡은 페이지에 편입된 창문

새벽을 흔들어 깨우는 창문이,

사방으로 흩어진다

그건, 우리의 숙제가 아니었다. 웅크린 감정이 아니었다. 가 닿을 수 있는 낯선 기록이 아니었다. 당신과 나의 경계에 파고드는 역광이 아니었다. 존재와 비존재의 사이, 기쁨과 슬픔의 사이, 수축과 팽창 사이의 유성음이 아니었다. 직선과 곡선을 긋고 돌아온 빨간 볼펜이 아니었다

  창문이 흔들린다
  흔들리면서
  본래의 모습으로 성실히 살아가면서
  협주곡을 연주한다

언제부턴가 창문은,
더는 창문이 아니었다

그건, 저녁으로 흐르는 전화선이었다. 긴 겨울의 끝으

로 비행하는 콩새의 울음이었다. 슬픔을 데리고 멀리 퍼지는 종소리였다. 지워지지 않을 허공에 매달린 현鉉이었다. 날마다 접혔다 펴지는 하나의 여백이었다. 점점 닳는 하루를 견디는 플라스틱 의자였고, 먼지를 터는 빈 오후의 철학이었고, 수직과 수평을 이해하며 직립하는 침묵이었고, 먼 곳에서 회귀하는 사람의 이동 경로였고, 편서풍이 지나간 후의 흘림체의 낙서였고

 창문이 계속, 왼쪽으로 기울어진다

 그는 흰 종이에 긁힌 자화상을 끝끝내 판독하지 못할 것이다
 그는 언제나 슬픈 빗방울들의 연음連音을 기억할 뿐,

 현재를 다만 푸르다고 발설하지 않을 것이다

결빙

무엇이 우리를 확, 얽어매어 놓았는가
우리는
그 무엇에게 얽혀 있는가

매일, 해는 뜨고 지는데

우리는 찬 겨울 어디쯤에서, 울퉁불퉁한 오늘을 걷고 있는가
우리의
출발지는 어디며
목적지는 어느 지점인가

땅이 꽝꽝 언 겨울도 조금씩 지나가고
봄의 손과 발은 서서히 꿈틀거리고 있는데

우리는 여기를 빠져나가지 못하고, 이름조차 알 수 없는 시간의 풀들은 잘 자라네. 오! 여기. 나는 여기를 사랑하여, 세월이 흘러도 언젠가는 여기로 회귀하려고 다짐을 해보네

지난여름 내린 폭우로, 마음의 밭은
물이 넘쳐 질퍽거렸지만

여기는 분명
겨울

너와 내가 분리되지 않은
두꺼운 겨울

무엇이 우리를 확, 얽어매어 놓는다 해도
우리가
그 무엇에게 얽혀 있다고 해도

우리는, 우리
둘이 아닌, 하나

왜?

어제의 팽팽함은, 왜 조금씩 부서지는가

나를 위로했던 편서풍은, 왜 자꾸만 창가에 머무는가

넉넉함이라고 말할 수 있는 초저녁의 성분은, 왜 허공으로 휘발되는가

너와 나의 알 수 없는 간격은, 왜 점점 수수께끼가 되어가는가

들판으로 걸어간 창문은, 왜 돌아오지 않는가

협곡으로 날아간 직선과 곡선은, 왜 자주 교차하는가

뜨거운 여름은, 왜 바람이 일렁이는 초가을을 사랑하는가

누워있는 접시는, 왜 나를 뚫어지게 바라보는가

정지한 것들은, 왜 움직이는 것보다 내 마음을 뒤흔드

는가

아침에 읽은 단어 하나는, 왜 내 곁에 계속 머무는가

맑음이라고 표현되는 적막은, 왜 다시 태어나는가

눈을 깜박일 때 너의 문체는, 왜 시간 속으로 걸어가는가

어제에서 오늘로 이어지는 밧줄은, 왜 자꾸 늘어나는가

내 주위를 맴돌던 7월의 언어들은, 왜 떠나가는가

편서풍이 불 때, 왜 새의 어깨는 가벼워지는가

여기를 결핍이라고 말할 때, 왜 세상은 동의하는가

왜?

하루라는 넓이

너는 말했다. 언덕의 구부러진 길이 끝나는 곳에 곧 도착한다고. 살찐 오후는 저녁의 입구로 걸어가고 있어서

우리는 각자의 여름을 보내기로 약속했다

누군가는 회귀하는 새를 오래도록 기다렸고, 4월의 침묵은 한 발 뒤로 갔다가 전진하는 독특한 보행법을 고집하고

풀들은 잘 자라면서도 간간이 가을의 호흡에 대해 밀도 있는 언급을 시도하고, 돌아누운 것들의 등은 흰 톱밥인 듯 온기가 사방으로 확장되고 있었다

사람들의 발자국은 높이가 낮은 곳으로 흐르고 있었다. 발자국엔 여름이라고 불러도 좋은 배고픈 언어들이 새겨져 있었고, 나무와 사람들 사이로 사각형의 상처가 빠져나오고 있었다

누운 것은 누운 대로, 서 있는 것은 서 있는 대로, 하루

의 감정에 충실했다. 왼쪽과 오른쪽을 보아도 전방과 후방을 살펴보아도 눈에 들어오는 건 규칙적으로 움직이는 것들의 떨림과 균형이었다

 너는 곧 도착했고, 오후의 굽은 허리가 조금씩 펴지고 있었다

野

 눈이 팡팡 쏟아졌다. 그건 바람의 일이 아니었다. 눈 위에 눈이, 다시 눈 위에 눈이. 푸르다고 말해야 할까, 푸르렀다. 마음이 가난한 사람이 모두 모였다. 여백은 차츰 채워지고, 노란 옷을 입은 사람, 빨간 옷을 걸친 사람들. 우리는 서로 노래를 불렀다. 세상에 없던 겨울이 멀어지고 있었다. 수요일의 개들이 컹컹거리고, 밤이 되었으나 어둠은 오지 않았다. 당신과 나의 경계에 존재하는 모래알 같은 밀도가 사라졌다. 파도의 이빨처럼 흰 것들이 무늬를 만들고. 누구랄 것도 없이 하나 되는 순간을 경험하는 건, 수평의 일. 수직의 일. 나는 나를 모르고 너는 너를 모르고, 다만 깊어만 갔다. 저녁이 되었으나 배는 고프지 않았다. 그리움과 작은 신뢰에 막 접근하고 있었다. 어디쯤에서 날아온 새가 다시 푸드덕거리고 있었다. 새를 목격한 후, 사랑의 의미를 터득했다. 멀리 있는 집, 아내와 아이들의 목소리가 들렸다. 이건 순간의 일이 아니었다. 흰 종이 위에 긁히는 자음들의 합집합이 좋았다. 수요일이 지나가면 일요일이 온다는 소식이 나를 뒤흔들었다. 때론 볼펜 하나로도 행복한 오후가 나를 툭, 치고 지나갔다. 아내가 찐, 빵의 온도가 넘어오고 있었다. 풀리지 않은 수수께끼도 쓸모가 있음을 이해했다. 저녁으로 흩어지는 행렬의 아름다움을 종이에 옮기고 싶었다. 눈이 쏟아졌다. 눈을 보며 사람들이 수런거렸다. 다시 눈이 내린다. 슬픔과 희망의 눈이 내리는 들판은 환하다. 환하지 않은 색들의 출입이 불허되고, 들판은 온통 하나가 된다. 다의적인 것, 직선과 곡선, 수직과 수평, 수축과 팽창, 멂과 가까움, 출현하는 모든 명사가 흩어지고 뭉치고, 뭉치고 구겨지고, 숭고한 특급사랑도 조각났다. 안과 밖의 구별이 불필요한 곳. 소유와 미소유의 개념이 무너지는 곳. 질서와 무질서가 공존하는 곳. 여기는 쉼 없이 톡톡 튀는

  나의, 들판

자연스럽거나 비밀스럽거나

세상을 뒤흔드는 타원형들이,

오래도록 서 있었다

긴 줄에 서서히 설정되었다

때론, 어떤 숭고함과 동반했으므로 그리 슬프지는 않았다

너는 왜 왔니?
잠은 잘 잤니?

연속 질문은 불필요했고, 약간의 친절이 필요했다. 다만 흘러가는 것이 당연한 일이라고 이해하고 있었다

정지한 것들은 아침부터 꿈틀거리느라 안간힘을 쓰고, 출처를 알 수 없는 우편물은 조금씩 도착하고, 떠나야 할 사람들은 하나둘 터미널을 향해 이동하는데

하루가 지나간다

쓸쓸한 먼지가 흩날린다

그것은,

아주 자연스러운 일
가끔은 비밀스러운 일

왼쪽과 오른쪽의 구분이 없는 울퉁불퉁한 하루가,

지나간다
지나간다

아침부터 지나간다. 지나감의 처음과 끝을 알기는 할까. 지나감의 끄트머리엔 누가 존재할까. 지나가는 건 그의 일상, 그의 각도, 그의 행적. 돌 같은 하루가 시나브로 지나가고, 돌 안의 방에서도 풀들은 잘 자라고 있는데

내일은 비가 올 것이라는 기상예보가 들려오는,

구름이 흩어지고 있었다

수요일의 단상

 아무도 없는 침묵 앞에서, 매일 하루를 여는 새벽의 노력을 발견하지 못했다

 목이 긴 언덕이 있는 방향으로 평생을 걸었음에도, 오른쪽과 왼쪽을 제대로 구분하지 못했다

 네 삶의 직선과 곡선을, 내 삶의 직선과 곡선에 대입하는데 과도한 에너지를 소비했다

 오후가 되면 선명하게 나타나는 평행선의 입장을, 충분히 이해하지 못했다

쉼표와 마침표로 긁히는

바람이 쓴, 문장의 첫 줄은 아프다

남긴 그 문장
밑줄 친 그 페이지

어디서 와서 어디로 갈 대의大意인가, 바람의 문장은 계절의 의문을 불허하고 다루어지는 짤막한 명제다. 생뚱한 질문이 생의 허리를 휘어 감는다. 생각의 질량이 오르락내리락하는 이 난제, 나를 지배하는 밤이 희디희다

그러니까, 어디에서 시원하게 유턴해야 할까

희끄무레한 시작보다도
끝나는 타이밍이
더 울퉁불퉁하다고 여겨지는 깊은 밤

바람의 가는 허리가 아프다
아픈 바람의 울음 끄트머리가 보이지 않는다

분명 울다가는 곧 가겠다고 약속했는데, 약속을 절대 잊지 말자고 우리는, 숲을 보며 겨울을 기다리자고 했는데

 어라!

 문득 바람의 행로가 수상하다
 바람의 내부가 몹시 궁금하다

 내일은 폭우가 내릴 것이라는 기상대의 예보가
 틀리기를 기대한다

 쉼표와 마침표로 긁히는 바람의 문장이 붉다

새가 돌아온다는 전언

배부른 수요일. 너에게로 가는 문법은 저녁의 어깨와 유사했다. 어둠은 점점 다가오고, 일차원적 사고의 부스러기는 겨울의 입구에 도착하고 있었다

새들이 살아있다는 문장의 장단은 불요했고, 너에게로 가는 규칙적인 호흡이 필요했다. 너와 나의 수축과 팽창이 잎 넓은 수요일의 경계로 기록되었다

터미널을 떠났다가 다시 터미널로 돌아오니, 사람들은 발을 동동 구르기 시작했다. 만남과 헤어짐의 교차가, 어느 지점에서 곡선이 되어가는 과정이었다.

길 건너 짧은 문장이 세상 밝은 곳으로 확장되고, 창밖엔 흰 눈이 펑펑 내리면서 생의 울타리가 조금씩 완성되고 있었다

새들이 돌아온다는 사실은, 다시 떠난다는 작은 신뢰. 떠나면서 다시 돌아온다는 희망, 신뢰와 희망이 연결되는 곳에 파란 불꽃이 계속 튀었다

방문이 열렸다. 널려 있는 물건들의 각도와 방향이, 오래된 안테나처럼 낡아 보였다. 새가 돌아오고 있다는 전언이었을까. 아까부터 사각의 유리창에 묻은 한 뼘의 슬픔이 조금씩 지워지고 있었다

직립

 호숫가 공원이 있는 곳. 납작한 돌을 밟으며 구부러진 길을 걸었다. 마음이 가벼워졌다. 돌을 밟고 있지만, 돌을 밟고 있다는 느낌이 전혀 들지 않았다. 뭐라고 말해야 할까. 뭐라고 말할 수 있을까. 돌을 밟으면서, 고맙다는 단어가 휙 지나갔다. 돌을 밟으면서, 편안함을 느꼈다. 돌이 아름다운 건, 같은 장소 다른 시간에도 늘 제자리에서 자전한다는 사실이고. 돌이 아름다운 건, 자기의 몸을 스스로 내어준다는 행위였다. 내가 돌을 바라본다. 돌이 나를 바라본다. 우리는 서로를 바라본다. 서로를 바라보는 동안에 오후의 침묵들이 부서졌다. 내가 돌을 밟으면서 편안함을 느낀 정확한 시간은, 돌이 나를 바라볼 때였다. 돌 하나, 돌 하나를 밟을 때마다 어두운 그늘이 조금씩 밝아지기 시작했다. 돌이 돌의 감정으로 직립할 때, 키 큰 나무들이 차츰 휘어지고 있었다. 시간이 지날수록 돌 속 돌의 발화가 시작되었다. 돌은 하루의 무게를 견디며 성실하게 살아가지만, 갑자기 돌 속 돌의 행방이 묘연해졌다. 내가 돌 속의 돌을 바라보려 할 때, 돌의 모습은 보이지 않았다. 돌의 안부가 궁금해졌다. 어디론가 가고 있겠지! 어딘가에서 하루의 무게를 견디고 있겠지! 나는 귀가하면서

천천히 뒤를 돌아보았다. 하루의 감정이 느리게 걸어가고 있었다

철저한 단서

언제나 제자리에 있는 건 아니었다
그렇다고
늘 제자리를 벗어난 것도 아니었다

아침이면 습관처럼 살아있는 듯 깨어나고
밤이면 다시 부동의 집으로 입주를 시도하고

깨어나고 시도하는
일상이

삶의 전부라고 신뢰한 적도 있었다

 시간의 톱니바퀴들이, 시계방향으로 회전하는 일은 당연한 일이었다. 가끔 시간의 톱니바퀴들이, 반시계 방향으로 회전하는 일이 행복해 보일 때도 있었다. 어쩌면 시간을 연결하는 이 순간이, 어려운 수수께끼처럼 잘 풀리지 않을 때도 있었지만,

 흘러간다는 사실이, 무척 자연스러운 일임을 깨달았을 때

너는 다만
멀리 있었다

풀리지 않는 것들이 있어
하루 종일 하늘이 휑하고
골목을 북적대는 사람들 모습이
좀처럼 보이질 않고

 어쩌면 겨울에 가 닿지 못할 것이라는 불확실한 예감이, 나를 뒤흔들고 있었으니,

 너를 찾아가는 확실한 단서는 어디에도 없었다

보도블록 혹은 보도블록

한 노인이, 은행나무를 가을의 바깥이라고 말했다

아니다, 바람의 습격이라 했다

사람들은,

직선과 곡선의 만남이라 했다
낡음과 새로움의 경계라 했다
너와 나와의 거리라 했다
일요일의 외출이라 했다
늦여름의 빗줄기라 했다

보도블록!

보도블록을 밟는다. 보도블록을 밟으며 보도블록의 뿌리에 대해 고찰해 본다. 보도블록 뿌리의 이동 속도와 면적을 분석해 본다. 시간이 흐를수록, 점점 각이 닳는 보도블록. 보도블록을 밟으며 보도블록의 슬픔을 저장하기로 한다

보도블록은 왜 보도블록일까
보도블록은 왜 존재하며
보도블록 삶의 끝은 어느 지점일까

오늘도

보도블록은 보도블록의 길을 흔들고 있네
보도블록은 보도블록을
스스로 위로하며 떠날 준비를 하고 있네
보도블록은 보도블록이 되고자
깊은 잠을 자고 있네

나는 노인의 말을 경청한다
나는 사람들의 말을 신뢰한다
나는 보도블록의 하루를 노트에 기록한다

그리고, 보도블록을 밟으며 보도블록을 읽는다

장대비나 폭설이 내려도 감자처럼 뜨거운
순수의 저, 보도블록을

세상의 왼쪽으로 흐르며, 시간의 뒷모습으로 태어나는
보도블록을

해설

'이해'에서 '사랑'으로 도약, 그 교차하는 직립

박성현
(시인 • 문학평론가)

1

드물게도 최해돈 시인의 작품은 변증법적 구조로 이뤄져 있다. 환유를 주축으로 은유와 상징이 점층적으로 가미되는 요즘 시들과는 다르게 그는 작품의 기저에서 단숨에 도약하며 전체적 의미를 산출한다. 그 주된 연결 고리와 변증은 이른바 '이해'와 '사랑'이라는 사유와 감정의 특수한 영역이다. 이러한 도약이 시인의 주요한 시작(詩作)이 될 수 있는 이유는 그가 세계를 사변(思辨)에 두지 않기 때문이다. "한 뭉치의 묶음은, 고요를 빠져나가는 낙타였다"(「표출된 묶음」)는 문장에서 볼 수 있듯 그는 세계를 '묶음'과 '낙타'가 공존하는 '다양체'로서 간주하며, 그 간결하면서도 복잡한 회로를 가늠한다.

확실히 이 마주침이 선명할수록 시인에게 대상-들의 산발은 고유하며 내재적인 질서를 갖게 된다. "무엇이 우리를 확, 얽어매어 놓는다 해도/ 우리가/ 그 무엇에게 얽혀 있다고 해도// 우리는, 우리 둘이 아닌, 하나"(「결빙」)가 된다는 시인의 선언을 상기하자. 이로써 그는 도약의 명시적 조건과 색채의 고유성을 확보하는바, 그는 스스로 축성한 이 변증의 시작(詩作)을 이렇게 비유한다. "다의적인 것, 직선과 곡선, 수직과 수평, 수축과 팽창, 멂과 가까움, 출현하는 모든 명사가 흩어지고 뭉치고, 뭉치고 구겨지고, 숭고한 특급사랑도 조각났다. 안과 밖의 구별이 불필요한 곳. 소유와 미소유의 개념이 무너지는 곳. 질서와 무질서가 공존하는 곳. 여기는 쉼 없이 톡톡 튀는// 나의, 들판"(「野」)이라고.

여기서 시인은 단의와 다의, 직선과 곡선, 수직과 수평, 수축과 팽창, 멂과 가까움 등 관계로 구축된 세계의 상태를 직관하며 "규칙적으로 움직이는 것들의 떨림과 균형"(「하루라는 넓이」)을 이끌어낸다. 그러기에 은유와 환유만으로 가둬놓기에는 이 문장의 넓이가 상당하다. 요약하자면, '창문'이 전화선과, 콩새의 울음, 종소리, 현(鉉), 여백, 플라스틱 의자, 오후의 철학, 직립하는 침묵 등으로 도약하는, 마치 무의식에 가까운 질서의 흐름이 최해돈 시의 낯선 정체다—"언제부턴가 창문은,/ 더는 창문이 아니었다// 그건, 저녁으로 흐르는 전화선이었다. 긴 겨울의 끝으로 비행하는 콩새의 울음이었다. 슬픔을 데리고 멀리 퍼지는 종소리였다. 지워지지 않을 허공에 매달린 현鉉이었다. 날마다 접혔다 펴지는 하나의 여백이었다. 점점 닳는 하루를 견디는 플라스틱 의자였고, 먼지를 터는 빈 오후의 철학이었고, 수직과 수평을 이해하며 직립하는 침묵이었고, 먼 곳에서 회귀하는 사람의 이동 경로였고, 편서풍이 지나간 후의 흘림체의 낙서였"(「낡은 페이지에 편입된 창문」)다는 문장에 여실히 나타나듯, 이것이 시인이 도약의 발판으로 삼은 '이해'의 영역이다. 그리고 '사랑'은 그 이해가 접힌 곳에 있다.

2

굳이 물리학을 빌려오지 않더라도 우리는 우주가 사물과 사물의 무한 교차로 이뤄져 있음을 직관한다. 대상(a)가 존재하기 위해서는 오로지 대상(b, c)와의 교차를 전제해야 한다. 이를 통해서만 삼차원의 입체가 구조화되며 '그' 사물의 영역, 곧 시간과 공간의 좌표가 생성된다. 대상(n)은 오로지 대상(n+1⋯⋯)과의 관계를 기점으로 자신을 설정할 수 있다는 사실은 우리에게 다음의 사실을 알려준다. 정체성이란 개별자로서의 '나'에게서 비롯되는 것이 아닌 타자-속-의 '나'에게 부여되는 관계의 상대성이다. 요컨대, 단독으로 직립하는 사물은 없으며, 교차와 확장 등 그 사물-들의 관계 맺음을 통해서만 존재는 비로소 빛을 발한다. 이것이 최해돈 시인이 명확히 통찰한바, "떠날 때의 생각과 돌아올 때의 마음이/ 교차하"고 "그리움의 넓이가/ 점점 확장되는"(「터미널」) 실존의 기저다.

사물이 교차한다는 이 단순한 사실은, 세계가 무한 좌표로서 중첩되어 있다는 것을 내포한다. 사물은 단지 그 상태로 있지 않고 방향과 흐름으로서 존재하며, 그것-들이 생성하는 관계의 수는 측정할 수 없다. 다만, 물결이 고이고 흘러가며 넘실거리는 모든 움직이는 힘은 전적으로 타자에게 속한다. '나'의 생활과 실존은 타자에게 사로잡히면서 끊임없는 활력을 부여받는다. 유월의 장미는 '나'를 매혹하고 나는 그 향기에 취한다. 순수한 나의 의지로서 장미에 사로잡히는 것은 아니다. 장미가 '나'를 열 때 꽃은 더욱 붉어지며 그 향은 더 멀리 간다.

흥미롭게도 최해돈 시인은 이 사물들의 교차와 확장이라는 유려한 사태를 '뚜껑'으로 비유한다. 존재의 개시(開始)와도 같은 뚜껑은 "열리자/ 비가 오기 시작했고/ 뚜껑이 닫히자/ 비가 그쳤다// 몸이 둥글고 웅크리고 있던 것들이,// 뚜껑이 열리자, 기지개를 켜고 있었다. 누워 있던 풀들이 일어나기 시작했다."(「뚜껑」)는 풍경을 연다. 다시 말해 '뚜껑'이란 타자에서 비롯되어 주체를 거쳐 다시 타자로 향하는, 그리고 감정의 확장을 보증하는 나선형의 기나긴 터미널이다. '터미널'은 "그러니까// 내린 비는, 누군가의 숙명이었다. 누군가의 눈물이었다. 누군가의 결핍이었다. 누군가의 미완성이었다. 누군가의 약속이었다. 누군가의 결말이었다. 누군가의 평행선이었다. 누군가의 노트였다. 누군가의 늦가을이었다. 누군가의 기록이었다. 누군가의 배경이었다. 누군가의 흔적이었다. 누군가의 기도였다"(「읽히지 않는 문장」)는 문장을 가능하게 만든다. 여기에 다른 설명은 불필요하다.

문학도 마찬가지. 특히, 언어가 중추적 역할을 하는 '시'는 이러한 관계-망의 기저에서 사물을 세우고 이끌며 의미의 촘촘한 연결 고리를 산출한다는 점에서 좀 더 섬세하게 돌아볼 필요가 있음은 물론이다.

3

당연하지만 언어는 세계를 생성하는 중요한 기제다. 언어에는 사물-들이 간결하면서도 복잡한 회로가 내장되어 있다. 오월은 사월과 유월 사이의 시간이고 여름에 닿기 전의 완연한 계절이다. 더욱이 우리는 시와 교차-함-으로써 시를 받아들이고 내면화하며 시에 내재한 온갖 의미의 씨앗을 발아하지 않는가. 언어를 둘러싼 이 기묘한 현상은 우리의 감정을 뿌리부터 흔든다.

가랑비 가랑가랑 쏟아지는 오후, 학교 운동장

아무도 없다. 고요와 적막이 들끓고 있다. 아무도 없어 다소 쓸쓸한데, 이토록 편안할 수 있는가. 이토록 포근할 수 있는가. 시골집 기울어진, 담장처럼
—「K」 부분

눈꺼풀 아래로 스며드는 시, 근육 속으로 파고드는 언어, 귓속을 울리는 애틋한 목소리, 그 속에서 아주 오랜 시간 고여 있던 정적이, 문장에 덧칠되었던 특유의 억양과 손에 잡힐 듯 뚜렷한 이미지가 우리의 마음에 뒤섞이면서 발아하고 있다. 가랑비가 내리는 학교 운동장의 고요와 적막, 아무도 없어 쓸쓸하지만, 시간이 갈수록 시인의 마음은 편안해진다. 시골집의 기울어진 담장처럼 너무 익숙해서 오히려 낯선 학교 운동장의 한때, 눈꺼풀을 촉촉하게 적시는:

발아된 언어-들이 있다. "서서히 눈에 들어오는// 한 포기의 풀/ 한 그루의 은행나무/ 한 개의 돌/ 한 개의 모래알/ 한 개의 먼지/ 한 묶음의 생각"(「리듬」)으로 탈해되면서 세계의 질서를 은밀하게 변형한다. 풀과 은행나무, 돌, 모래알, 먼지, 생각 등은 그 자체로 이미 변증법적 궤도를 형성하며 환유나 은유를 넘어선다.

이러한 비(非)-구조적 발상은 "언덕이 미치도록 떠오를 때가 있었다. 언덕이 너무 그리워, 언덕이 있는 곳으로 걸어가서, 언덕이 되고자 하였다// 언덕을 오래도록 바라보고 있으면, 어느 순간 언덕이 되어 흘러가는 언덕을 바라보았다// 언덕은 풍경을 먹으며 살이 찌기도 하였고, 나는 언덕 너머의 언덕을 이해하기 시작했다"(「흔들리는 원근법」)라는 문장에서 확연히 드러난다. 언덕이 되고자 언덕을 이해하려는 시인은 과감하게 언덕으로 향하고 거침없이 그 단단한 내면으로 들어간다. '언덕'이 된다는 것은 언덕을 그 자체로서 붕괴시키는 것을 전제해야 함을 시인은 잘 알고 있다.

 또한 "너를 생각해본다. 너의 행로를 따라가본다. 너의 어제를 살펴본다. 너의 과거를 기억해본다. 너를 관찰해본다. 너를 분석해본다. 너의 행적을 들여다본다. 찬물에 눈을 씻고 너의 그림자를 본다. 네 삶의 이모저모를 따져본다. 네 옷에 묻어 있는 슬픔을 털어본다. 네가 평소 좋아하던 파란 볼펜을 터치해본다// 너에게서 너라는 사람이 자꾸만 출현한다(「너의 숙성」)는 문장은 어떤가. 시인의 끈질긴 관찰과 사유, 그리고 감각의 뒤섞임이 절실하지 않은가.

 여기서도 최해돈 시인은 한발 더 나아간다. 그는 발아의 이면에 눈먼 사냥꾼 같은 '결핍'이 켜켜이 산적해 있음을 잘 알고 있다. '언덕이 되고 싶다'는 자신의 바람 또

한 이 결핍 속에서만 성장할 수 있다는 것도. "플라타너스는 인칭을 넘나드는 오래된 수식어다. 겉모습은 뭔가 결핍된 것 같지만, 내면에는 형언할 수 없는 언어들로 가득하다. 플라타너스의 부재는 생의 한 부분을 주름지게 한다."(「플라타너스가 살아가는 방식」)라는 문장처럼, 결핍이란 무조건적 없음의 상태를 지칭하는 것이 아니라 '없음'과 '있음'의 변증법적 상태를 말한다. 시인은 한발 더 나아가 양자의 대칭을 통해 결핍을 '왜'라는 질문으로 치환되는 과정으로 상승시킨다.

시인은 화두를 던진다. "어제의 팽팽함은, 왜 조금씩 부서지는가// 나를 위로했던 편서풍은, 왜 자꾸만 창가에 머무는가// 넉넉함이라고 말할 수 있는 초저녁의 성분은, 왜 허공으로 휘발되는가// 너와 나의 알 수 없는 간격은, 왜 점점 수수께끼가 되어가는가// 들판으로 걸어간 창문은, 왜 돌아오지 않는가// 협곡으로 날아간 직선과 곡선은, 왜 자주 교차하는가// (중략) 내 주위를 맴돌던 7월의 언어들은, 왜 떠나가는가// 편서풍이 불 때, 왜 새의 어깨는 가벼워지는가// 여기를 결핍이라고 말할 때, 왜 세상은 동의하는가"(「왜?」) 그래서인지 대상을 향하는 시인의 감정에는 한결같이 날카롭고 진지하며 고요와 웅성거림과 적멸과 비명이 깃들어 있다.

이처럼 대상과 교차하고, 교차함으로써 스며들며 의미를 끊임없이 확장하기 위해서는 시인은 자신에게 무엇이 필요한지를 깨닫는다. 발아하는 언어들은 조건만 맞는다고 무르익지 않는다. 언어의 발아는 교차와 확장에 이르기까지 명확한 흐름과 방향을 가지는바, 이러한 사태는 무엇보다 '이해'라는 관계의 틀에서 정밀해진다는 것을 시인은 잘 알고 있다.

  돌이, 돌인지 아닌지의 명제는 돌 이전의 돌을 이해해야 한다. 돌 이전의 돌은 어떤 돌이었을까. 이 수수께끼는 돌을 분석하는 아주 중요한 단서다. 나는 가끔 납작한 돌 위를 걸으며 돌을 생각한다. 돌 속엔 감자 같은 뜨거움이 있다. 돌이, 돌이 되기 위해서는 얼마의 시간이 흘러야 하나. 돌이, 돌이 되기 위해서는 얼마의 슬픔이 더 닳아야 하나. 돌. 겨울의 돌은 아프다. 아픈 돌이 더는 아프지 않으려 돌을 어루만진다. 돌은 시간이 지날수록 돌의 마음을 읽는다.
  —「돌」 부분

돌이 있다. 아니다. 아직은 '돌'이 아니다. 그는 눈앞의 주먹손 같은 '그것'을 보면서 돌이라 생각했지만, 확정을 유보한다. 그것은 돌일 수도 아닐 수도 있다. 감각은 편의에 따라 사물을 왜곡하는 경향이 있으니, 그는 먼저 "돌이, 돌인지 아닌지의 명제는 돌 이전의 돌을 이해해야 한다"면서 수수께끼를 풀어나가듯 세심하게 관찰한다.

그는 돌의 균열을 살피고 속으로 들어가는 좁은 문—'뚜껑'과 같은—을 발견한다. 문을 열자 "감자 같은 뜨거움"이 훅 끼친다. 돌이 되기 위해, 자신을 이겨내는 그 용암 같은 시간이 소용돌이치고 있는 것이다. "돌이, 돌이 되기 위해서는 얼마의 시간이 흘러야 하"는지, 또한 "얼마의 슬픔이 더 닳아야 하"는지, 그는 돌의 입장에서 까마득한 옛날로부터 지금까지 흘러온 무게를 가늠한다. 문득, 그의 손은 돌의 고통을 짚는다. 아주 잠깐이지만 그는 돌을 이해하기 시작한다. 돌을 어루만지며 돌의 마음을 읽는 것이다.

시인은 '이해'를 일종의 도덕률로 삼고 생활의 방편으로 여긴다. 적어도 시인에게 '이해'는 삶을 꾸려나가는 태도다. 그는 「오늘도 오늘을 연습했다」라는 작품에서 "낮인데도 별들이 우수수 쏟아졌다. 여름인데도 눈이 내렸다. 내린 눈 속의 눈이 녹고 있다. 녹은 눈이 가난한 사람이 사는 마을로 졸졸 흐른다. 새는 감사의 인사를 꾸벅하고는 서쪽으로 날아갔고, 너는 숲의 여백이 되었다가 하루가 되었다. 움직이는 것들과 움직이지 않는 것들은 서로의 존재를 존중하며 이해하기 시작했지만,// 여기는 헐거움과 빽빽함이 공존하는 곳/ 여기는 직선과 곡선, 수직과 수평이 충돌하는 곳// 배고픈 오늘은, 오늘이 되느라 분주했다"(강조는 필자)라고 쓰는데, 그는 자연에 들어가서 낮과 별, 여름, 눈, 새, 숲과 같은 대상을 비롯해 헐거움과 빽빽함, 직선과 곡선, 수식과 수평 등 교차와 확장을 면밀하게 살펴본다. 우리가 대상을 이해했을 때, 대상은 스스로 문을 연다.

  계량할 수 없는 한 묶음의 침묵이었고, 더는 설명이 불필요한 빈 상자였고, 쉽게 풀 수 없는 방정식이었고, 긴 어둠의 연속이었고, 내일로 가는 기차의 행로였고, 가 닿을 수 없는 후회의 잔해였고, 오늘 밤이 지나면 미지의 세계로 가야 한다는 뭉툭한 전언이었음을

  나는 철저히 이해했다
  전적으로 수긍했다
  —「돌아온 것에 대한 브리핑」 전문

  그렇게 '이해'는 대상을 연다. 대상이 '한 묶음의 침묵'이었고, '설명이 불필요한 빈 상자'였으며, 쉽게 풀리지 않는 '방정식', 기나긴 '어둠의 연속', '기차의 행로', '후회의 잔해'였음을 이해했을 때, 돌아온 것은 미지의 세계로 가야 한다는 '뭉툭한 전언'임 알게 된 것이다. 그는 철저히 이해했고 수긍했으며 자신의 결핍과 불안을 깨닫는다. 무엇인가 내면에서 열리고 있다—"방문이 열렸다. 널려 있는 물건들의 각도와 방향이, 오래된 안테나처럼 낡아 보

였다. 새가 돌아오고 있다는 전언이었을까. 아까부터 사각의 유리창에 묻은 한 뼘의 슬픔이 조금씩 지워지고 있었"(「새가 돌아온다는 전언」)던 것이다.

4
이제 우리는 '이해'가 '사랑'을 어떤 방식으로 대칭하고 있는가를 살펴볼 차례다.

시인에게 사랑은, 비록 놀랍게도 최해돈 시인은 "결핍 뒤엔 언제나 사랑이 채워지리니/ 오늘을 기억하며 내일로 걸어가자/ 천천히 돌아보면,/ 세상의 일은 있음과 없음의 상관관계/ 내일 밤은 별빛이 모음으로 쏟아지겠지"(「有를 위한 드로잉」)라고 선언한다. 이해가 결핍을 인정하는 순간에 바로 '사랑'이 시작된다.

비록 사랑이 기대한 만큼 완전하지 않으며, '나'를 채우지 못하고 또한 절름발이처럼 뒤뚱거리고 오래된 우물처럼 메말랐다고 해도 그리하여 '사랑'에도 그것을 지킬 수 있는 '울타리'가 필요하다고 해도("사랑도 울타리가 필요함을 뒤늦게 알았다", 「일렁이는 후회들」) 사랑은 여전히 유효하며 대상의 가장 부끄러운 곳까지 파고들며 감싸 안는다. 시인이 보기에 사랑은 "여전히 없는 벽"(「벽」)이다. 왜냐하면 사랑은 끊임없이 무너지고 솟아오르며 교차와 확장을 반복하기 때문이다. 나는 사랑함으로써 나를 대상의 형상에 온전히 맞춘다.

　　나는 여기에서, 여기를 생각하며, 여기에 서 있는 사실이

　　나를 이해하는 결정적 계기가 되었다
　　나를 발견하고 새의 전언에 동의할 수 있었다
　　나를 기억하고, 나를 재생하여, 나를 보관하는 단서가 되었으니

　　사랑이여!

　　이제는 슬픔도 데리고 동행하면 안 되나
　　이제는 상처에 약을 발라주면 안 되나

　　나는 또, 뭐라고 불러야 하는가

　　소란한 것은 소란한 여기를
　　흐르는 것은 흐르는 여기를
　　―「여기에서 여기를」 부분

　시인이 받아들인 '결핍'은 그 부재의 고통을 대상의 입장에서, 대상의 입을 통해 끊임없이 발화한다. 그는 그 목

소리에 기울어지며 목소리가 쏟아내는 '지금'의 목록들을 살핀다. 다시 말해, 시인은 결핍을 통해 자신의 현존을 확인하는 것. 더욱이 그러한 '확인'—"나는 여기에서, 여기를 생각하며, 여기에 서 있는 사실"—은 '나'를 이해하는 결정적 계기가 되며, 그가 자신을 발견하고 대상('새')의 전언을 받아들이고 동의하도록 촉진한다. 결핍을 이해할 때 발아한 것은, "나를 기억하고, 나를 재생하여, 나를 보관하는 단서"를 갖게 된다.

이러한 사유에서 감정으로의 도약은 '사랑'의 호명에서 확인되는바, 시인은 "이제는 슬픔도 데리고 동행하면 안 되나/ 이제는 상처에 약을 발라주면 안 되나"라며 오히려 과거의 어느 시점에서 일어났을지 모르는 불행도 적극 긍정한다. 이러한 태도는 "나는 또, 뭐라고 불러야 하는가"라는 문장을 산출하면서 정점에 이른다. 요컨대 '나'는 전혀 다른 사람이 되고 있다는 것이다. "자작나무는 내게서 멀어지고, 나는 어느새 자작나무 숲으로 달려가는 중저음의 기차가 되었다. 언제나 유有와 무無의 균형을 유지하는 자작나무, 존재와 비존재의 간격인 그. 가랑비의 빗방울을 바라보면 바라볼수록 깊어가는 신뢰. 그럴 때마다 타악기 같은 사랑은 시작되어 마른 흙을 조금씩 적시고, 결국 지워지지 않는 쉼표가 되었다.// (중략)// 너에게 간다는 건/ 어떤 새로움이 완성된다는 긍정의 조합// 곧 날이 어두워질 거라는, 선명한 경계가/ 다시 휘발되었다"(「휘발된 경계」).

  시간 속으로 흐르는 결핍의, 나는

  내 안의 직선을
  누구보다 사랑하고

  내 안의 곡선을
  누구보다 사랑하며

  다시, 너의 직선과 곡선을
  사랑하고
  사랑한다

  (중략)

  내 안의 직선과 곡선은, 너의 직선과 곡선을 사랑하여, 나의 직선과 곡선은, 점점 너의 직선과 곡선을 향하여

  달려가고
  뒤엉키고 뒤섞이고
  — 「너와 나의 직선과 곡선」 부분

시인은 명확하게도 결핍과 사랑의 밀월을 파헤친다. 시간이 흐를수록 결핍은 폭증한다. 하지만 그만큼 이해와 사랑의 영역도 커진다. "시간 속으로 흐르는 결핍의, 나는// 내 안의 직선을/ 누구보다 사랑하고// 내 안의 곡선을/ 누구보다 사랑하"는 것이며, 이와 같은 방식으로 "다시, 너의 직선과 곡선을/ 사랑하고/ 사랑"하게 된다. 변증법적으로 얽힌 대상들의 무수한 관계망을 시인은 간결하고도 단호하게 표현한다—"내 안의 직선과 곡선은, 너의 직선과 곡선을 사랑하여, 나의 직선과 곡선은, 점점 너의 직선과 곡선을 향하여// 달려가고/ 뒤엉키고 뒤섞이고"라며.

과연 최해돈 시인은 그의 변증을 통해 무엇에 닿으려는 것일까. 그의 작시(作詩)에는 돌연한 기풍이 있고 정교하게 선별된 문장과 리듬이 있으며 이러한 각각의 감각들이 한데 어울려 표출하는 절실한 아름다움이 있다.

5

작품을 읽는 순간 우리의 시선을 사로잡고 신경을 뒤흔들다가 은밀하게 혈관을 타고 흐르며 심장을 관통하고 결국 온몸에 착색된다. 우리는 '시'를 구성하는 물질적 질

료인 '언어'에 감각적으로 반응하지만, 정확히는 그 언어가 내포한 '의미'에 거침없이 매혹된다. 물론 이것으로 끝나지 않는다. 매혹은 단지 작품에 구축된 싱그러운 파편이므로, 시인은 육체에 새겨진 이 흔적을 미끼로 삼아 또 다른 감각의 제국을 촉진한다.

밤이, 어둠을 복사한다
밤이, 적막 속으로 촘촘히 파고든다

밤이라 부를 수 있는 인칭대명사가 밤 안에서, 밤 밖에서, 밤의 위와 아래에서, 밤의 왼쪽과 오른쪽에서 서서히 접힌다.

(중략)

우리는 밤에 태어나 밤의 낙엽에 눕는다. 낙엽에 누워 사라지는 밤을 안타까워하고, 때로는 밤에 기댄다. 밤에 기록되는 직선과 곡선의 흐느낌, 밤의 웅덩이에 새롭게 태어나는 생명들, 밤의 체온과 호흡으로 또 다른 밤의 발길이 바쁘다. 밤 앞에 밤이, 밤 뒤에 밤이, 밤 옆에 밤이, 밤 옆에 다시 밤이, 태어나고, 태어나고, 태어나고. 밤은 어둠을 낳고 어둠은 밤의 고요를 먹으며 잘 자란다

뾰족한 밤이 뒤뚱뒤뚱 걸어간다
— 「너는 변주하는 단어였다」 부분

'밤'의 몽롱함을, 이처럼 완벽하게 표현한 작품은 찾아보기 쉽지 않다. 시인은 적막한 밤을 걷고 있다. 들길의 낮은 곳에서 축축이 젖은 풀잎을 만졌고, 가까이 다가서면 울음을 멈추는 벌레의 조심스러운 태도를 주의깊게 본다. 밤은 '밤'으로 이어지고 갈라지며 변주한다. 밤은 밤으로써 녹아내리며 사라지는 듯하다가 탈피의 마지막 순간에 또 다른 '밤'의 제국을 쌓아올린다.

시인은 한밤에도 깨어 있다. 밤의 유려하고도 막중한 흐름을 보기 위해서다. 황혼과 저녁을 거두고 삽시간에 시작된 밤은, 어둠의 복사다. 적막 그 자체이기도 하다. 우리가 '밤'이라 부르는 단어는 어쩌면 '인칭대명사'일지 모른다. 왜냐하면, 밤은 생명체처럼 살아 움직이는데 그 모습이 인간을 닮았기 때문이다. "밤 안에서, 밤 밖에서, 밤의 위와 아래에서, 밤의 왼쪽과 오른쪽에서 서서히 접"히는 고드름처럼 직립한 인칭들. "밤 앞에 밤이, 밤 뒤에 밤이, 밤 옆에 밤이, 밤 옆에 다시 밤이, 태어나고, 태어나고, 태어나고. 밤은 어둠을 낳고 어둠은 밤의 고요를 먹으며 잘 자란다"는 몽환이 그의 감각 속에 터지는 것이다.

그는 밤이 깊을수록 보이지 않는 사람들로 가득하다고 믿는다. 그들은 "밤에 태어나 밤의 낙엽에 눕는다. 낙엽에 누워 사라지는 밤을 안타까워하고, 때로는 밤에 기"대는데, "밤에 기록되는 직선과 곡선의 흐느낌, 밤의 웅덩이에 새롭게 태어나는 생명들, 밤의 체온과 호흡으로 또 다른 밤의 발길이 바"쁠 뿐이다. 이러한 사정은 아무도 찾지 않는 조용한 '서랍'도 마찬가지다. 비록 죽음에 가까운 서랍이지만, 무심코 손잡이를 잡고 열었을 때 "큰 것 작은 것. 저만의 형체로 모습과 표정이 출현하는 물건들이, 살아서 꿈틀거"(「구겨진 서랍」)렸던 것이다. "다 다다다 후다닥 소나기가 지나간 후, 오후가 조금씩 접히고 있을 때, 콩새는 거기에 앉아 있었"(「스타카토」)고, "목이 파란 참새가 점점 그리울수록 빗줄기는 더 굵어졌다. 비 내리는 동안,// 크고 작은 밀어들이 사방으로 튕겨 나가고 있었"(「밀어들」)던 것이다.

그의 감각은 항상 대상을 변주한다. 그럼으로써 자신 또한 변신의 중압을 실현한다. 앞서 언급한 것처럼 시인은 이를 '터미널'에 비유하는데, 그 역동적인 모습을 감안하면 그의 안목은 기묘할 정도로 적확하다—"터미널엔 행인이 붐볐다. 이쪽에서 저쪽으로, 저쪽에서 이쪽으로, 다시 이쪽에서 저쪽으로. 만남과 헤어짐, 설렘과 떨림, 아쉬움과 슬픔의 언어들이 공중을 배회했다. 터미널은 터미널이어서 좋았다. 터미널은 터미널이어서 편안했다. 터미널은 터미널이어서 쓸쓸했다"(「터미널이라는 방정식」)라는 문장과 같은.

*

  우리는 종종 시의 한 구절에서 계속 꼬이기만 하는 인간관계의 실마리를 풀 열쇠를 얻기도 하고, 가족이나 벗을 잃은 슬픔을 위로받기도 한다. 종종 색다른 관점을 깨달아 묵은눈처럼 쌓인 일들을 해결하기도 한다. 어떻게 살면 지혜롭고 행복할 수 있는지에 대한 답을 얻을 때도 있다. 말로써는 표현되기 힘든 관계들의 흔적들은 물론이고 그것이 주는 아름다움의 숭고한 울림을 느낄 수도 있다. 한마디로 시는, 인간 이해의 가장 모호하면서도 세밀하며 정교한 현상이다.

  다만, 우리가 시에 닿을 때 잊지 말아야 할 것이 있다. 한 번 발화된 문장은 본래 의도된 최초의 의미로 환원되지 않는다는 사실이다. 시간을 돌이킬 수 없다는 인상주의적 막연한 차원이 아니라, 한 문장에 의미가 생성되면 두 번 다시 '제로'로 수렴되는 일은 발생하지 않는다는 뜻이다. 최해돈 시인은 이러한 시의 메커니즘을 통찰하면서, 동시에 이해와 결핍, 사랑으로 변증하면서 교차와 확장을 통해 또 다른 감각의 제국으로 우리를 인도하고 있다. ■

달아실 기획시집 45

여름을 생각할 때 겨울은 시작되었다

1판 1쇄 발행	2025년 7월 25일
지은이	최해돈
발행인	윤미소
발행처	(주)달아실출판사
책임편집	박제영
디자인	전부다
법률자문	김용진, 이종진
기획위원	박정대, 이홍섭, 전윤호
편집위원	김선순, 이나래
주소	강원도 춘천시 춘천로 257, 2층
전화	033-241-7661
팩스	033-241-7662
이메일	dalasilmoongo@naver.com
출판등록	2016년 12월 30일 제494호

ⓒ 최해돈, 2025
ISBN 979-11-7207-059-5 03810

이 책의 일부 또는 전부를 재사용하려면 반드시 저작권자와 (주)달아실출판사 양측의 동의를 얻어야 합니다.

* 잘못된 책은 구입한 곳에서 바꿔드립니다.
* 책값은 뒤표지에 표시되어 있습니다.
* 이 책은 충청북도, 충북문화재단의 후원을 받아 예술창작활동 지원사업의 일환으로 발간되었습니다.